马云
别让没野心毁了你

他成功过，他也失败过，
他的人生就是不断思考……

马云

别让没野心毁了你

段治强◎著

中华工商联合出版社

图书在版编目(CIP)数据

马云：别让没野心毁了你 / 段治强著. --北京：中华工商联合出版社, 2018.3

ISBN 978-7-5158-2197-9

Ⅰ. ①马… Ⅱ. ①段… Ⅲ. ①马云 - 企业管理 - 经验 Ⅳ. ①F279.23

中国版本图书馆CIP数据核字（2018）第010651号

马云：别让没野心毁了你

作　　者： 段治强
策划编辑： 胡小英
责任编辑： 李　健　邵桄炜
封面设计： 华业文创
责任审读： 李　征
责任印制： 迈致红
出版发行： 中华工商联合出版社有限责任公司
印　　刷： 北京晨旭印刷厂
版　　次： 2018年3月第1版
印　　次： 2018年3月第1次印刷
开　　本： 710mm × 1020mm　1/16
字　　数： 180千字
印　　张： 15
书　　号： ISBN 978-7-5158-2197-9
定　　价： 45.00元

服务热线： 010-58301130
销售热线： 010-58302813
地址邮编： 北京市西城区西环广场A座
19-20层，100044
http://www.chgslcbs.cn
E-mail: cicapl202@sina.com(营销中心)
E-mail: gslzbs@sina.com(总编室)

前　言

2017年11月11日0时，天猫“双十一”正式开始。3分零1秒，交易额超过100亿！速度比2016年的“双十一”快了一倍多！40分钟，超500亿元！而2016年达到这个数字用时2小时30分！截止11月11日早上7点22分，成交额达912亿元，超过2015年“双十一”全天交易额。

数据最后定格在1682亿元。1682亿元的交易额，与2016年1207亿元相比，同比增长39%。不比不知道，一比吓一跳，相比2009年“双十一”只有5200万元的交易额，2017年竟增长了超过3000倍。

今年的天猫“双十一”还有一个非常不同的地方，不仅火爆中国，而是覆盖超过220个国家和地区，也就是说，今年的“双十一”堪称真正意义上的国际购物节。

大家对马云的那句富有野心的名言“梦想还是要有的，万一实现了呢”都印象深刻，这句话又有了新的内涵：以前指的是，2014年9月19日，阿里巴巴在美国纽约证券交易所正式挂牌上市。现在指的是，阿里“双十一”代表中国品牌真正走出中国，走向世界，这更加让人心潮澎湃。

不断攀登，不断实现野心，这是马云半生的写照。而我们能从马云身上学到的最重要的一句话或许是，别让没野心毁了你。

马云，其貌不扬，个子瘦小，从小就不是一个安分的小孩，学习成绩总是不能让家人和老师放心，打架更是家常便饭，人生重要的考试也总是波折不断：中考两次才考上一所普通高中，而高考更是考了三次才步入大学。在20世纪80年代，拥有稳定的大学老师工作的马云是让人羡慕的，但是他却选择下海经商，而创业的路上更是起伏不断。今天电商世界里的领头羊——阿里巴巴公司，其实并不是马云一开始的创业打算。

第一个吃螃蟹的人是勇敢的，马云就是中国最早一批接触互联网的人，但是他的互联网之路却走得不太顺畅，很长一段时间里，他被人当作骗子、疯子，很多人并不理解他的想法和行为。但是今天，互联网真的改变了人们的生活。现在，人们已经习惯了网购，淘宝网成了大众趋之若鹜浏览的页面，网购成了一种时尚，可以说马云的阿里巴巴改变了人们的生活，而他也站在了国际电子商务的顶端，成了这个行业的灵魂人物。

但在那之前，马云曾经历过每个月都入不敷出的日子，钱全部投到了公司中去，有时甚至解决温饱都成了问题。当时，大家的士气很低落，马云便想尽办法鼓舞大家。为了省钱，马云甚至都舍不得吃快餐，办公室里经常弥漫着泡面的味道。总是过这样的日子让员工很烦躁，马云就会用电影中的台词安慰大家："快了，面包会有的，一切都会有的。"创业很艰难，但是马云不曾放弃，因为他知道这是一场持久战，不能在半途就放弃。因此他用积极乐观的精神鼓舞大家，激励大家，他在用自己的信念和自己打赌，赌自己的选择肯定会影响世界。

能成为这样的互联网龙头，你肯定以为马云是一个网络高手，但让人们万万没有想到的是，马云对互联网是一个门外汉：不懂电脑、不懂管理学、不懂广告，没有接受过专业的管理学教育！但是马云却有着自己独特的公司管理经营之道，有着一群对他死心塌地的队友，他们在马云最苦难、最无助的时候，选择站在马云的身后，在技术上、金钱上支持着马云。而阿里巴巴的团队作战能力也真的让业界刮目相看——超高的办事效率，精准的市场分析，这些人才的聚集靠的便是马云的用人之道。马云凭着个人魅力，以及人性化的管理让阿里巴巴成为独一无二的大公司，也让阿里巴巴的管理体系日臻完善。

让人意想不到的是，马云还是一个武侠小说迷，他最爱看的就是金庸的武侠小说，他最爱《笑傲江湖》中风清扬这个角色，给自己取的网名也是风清扬，他甚至还在杭州西子湖畔组织了互联网的“西湖论剑”。互联网的五大“掌门人”汇聚一堂，一起讨论互联网的未来发展，他们热情高昂，思想活跃，语言犀利，而这些正是推动中国互联网前进的动力。不得不说马云的这一创举是对中国互联网事业的极大助力。

马云经历了很多，今天，我们看到的只是成功的马云——家产上千亿元，公司是行业龙头……我们现在看到的都是他的光环，我们羡慕的都是他的成就，但是他背后付出的汗水和泪水，他所承受的压力是不被大众所知道的。

如今的马云，在过去的岁月里究竟经历了什么？他是一个天才吗？还是说只是一个幸运儿？他的过往顺利吗？他又经历了哪些离合悲欢？本书将逐一拨开迷雾，让你认识一个更加立体全面真实的马云。

目　录

上篇　成长创业史

中篇　激荡风云史

下篇 思想理念史

上篇

成长创业史

- 从读书到教书，人生就是要折腾
- 单枪匹马闯天下，历经商海沉浮
- 人生不应设限，为梦想全力以赴

第一章

从读书到教书，人生就是要折腾

西子湖畔，一个意气风发的少年，骑着单车，说着一口流利的英语，领着外国人在杭州城里走街串巷……谁能想到这样一个小小少年，之后却经过三次高考，误打误撞地当上了大学教师。但即便是当了大学教师，这位年轻人也不甘于寂寞，他又是一通折腾，竟折腾出一番影响人们生活的大事业。

一身侠义，注定成就大事

2014年9月19日，美国纽约证券交易所，一只代码为BABA的股票，首次发行价格就达68美元，一共发行3.2亿股，融资额最多高达250亿美元，刷新全球最大IPO（首次公开发行股票）融资纪录。这一奇迹的创造者，不是别人，正是其貌不扬的中国人马云，而马云也因此身价倍涨，一跃超过王健林，成为当年的中国首富。

这位到了知天命之年的五十岁的中年人依然精力充沛，潇洒昂扬地站在美交所的舞台上，向世人展示着一个神话的诞生。

时间倒退到三四十年前，那个时候的马云不过是一个热衷金庸武侠小说的少年，没有人能够预料到他能成为中国首富，连马云自己也不曾幻想过。当年风华正茂的马云，一身侠义，注定将成就一番大事。

1964年9月10日，马云出生在“上有天堂，下有苏杭”的杭州，家庭很普通，马云长得也很普通——小脑袋，小身子，大眼睛，高高的颧骨。美国的《福布斯》杂志曾这样描述马云：“深凹的面颊，扭曲的头发，淘气地露出齿笑，一个5英尺高、100磅重的顽童模样。”这个描述真是再贴切不过了，“顽童”二字更是点出了马云的性格特征。从小马云就不是一个安分的孩子。小学、初中、高中，马云上的都不是一流学校，他的学习成绩也很一般。他酷爱金庸的武侠小说，也是个十足的积极分子，热衷于参加各种校内校外活动，脑袋里总是有许多奇思妙想。可能在老师和家长的眼里，年少时的马云是个不安分的捣蛋鬼，但是这也充分体现了马云的朝气和活力。

马云的侠义之情从小时候就有了。马云出生的20世纪60年代，那还是一个对家庭出身抱有很大成见的时代，不幸的是，马云的爷爷曾是国民党的保长，所以马云就被划为了“黑五类子女”。从小马云就是在父亲的严加管教和同学们的蔑视中成长起来的。那个时候马云最好的朋友就是金庸的武侠小说了，他对于书中的大侠，如郭靖、令狐冲、杨过等很是崇拜，小说中为兄弟两肋插刀、见义勇为的行为都深深地鼓舞着年少的马云，侠义之心也就是在那个时候埋下了种子。少年时代的马云不善言辞，和许多同龄的男孩子一样，被大人和老师看作是叛逆、爱打架、逞英雄、调皮捣蛋的家伙。的确，少年时的马云经常打架，马云对自己儿时性格的描述就是“我小时候很瘦小，但是很会打架”。

可能我们印象中的爱打架的孩子都是五大三粗、虎背熊腰的，怎么也想不到瘦瘦小小的马云会经常打架，又会怀疑他能打得过谁呢？但是瘦弱的身躯可没有影响马云的英勇善战，他从来不惧怕比自己强壮的对手，也从来不在打架中流一滴眼泪。他认为输就是输，赢就是赢，不能在打架中哭爹骂娘，更不能向家人告状。有一次，马云因为一些事情和一个长得人高马大的年轻人起了争执，打起架来，别人都以为身材瘦小的马云会主动求饶，不敢还手，知难而退，但是万万没有想到的是，马云非但没有后退，反而主动进攻，毫无惧意，越打越勇。虽然最后由于身体上的巨大差距，马云还是输给了对方，但是马云的气势绝对镇住了对方，让对方也对马云刮目相看。这股“狭路相逢勇者胜”的精神体现在多年后阿里巴巴和eBay的大战中，来势汹汹的马云，在气势上绝对是给了eBay重重一击。

少年时代的马云，其实也并不是只会打架，何况争斗也不是自己主动挑起的，他也并不是爱好打架、喜欢挑事儿，而都是出于帮助朋友的愿望。除了打架，上初中的时候，马云的英文水平是他最值得骄傲的事情。虽然当时马云的数学成绩差得一塌糊涂，甚至考过1分，但是他的英语成绩却总是名列前茅，尤其是他的口语，和外国人交流基本无障碍。由于出色的英语口语，马云就利用中学放暑假的时间做起了小导游，骑着自行车，拉着老外满杭州城地跑。不为能挣多少钱，不管蹬得有多累，马云高兴地干着这份工作，在其中享受着和老外聊天的快乐。通过这些经历，马云的英语口语突飞猛进，社交水平也大大提高。

少年的马云，不安分、倔强、叛逆、好动，这些形容词放在他的身上似乎再合适不过，但是，与此同时，讲义气、勇敢、有魄力、敢想敢干、有朝气，这些形容词放在他的身上仿佛也十分贴切。哪个少年不贪玩？可是却很少有少年能像马云那样贪玩而不忘学习，贪玩而不忘把自己的特长英语学好，学到能和老外交流。这种少年时性格的养成，注定了马云绝不是一个甘于平庸的人。

下面说一个例子。你知道马云第一次上电视是在什么时候呢？1995年，马云刚刚创业的时候，他们那时在当时的杭州经济大厦租了一间办公室。一天晚上八点多，马云骑着自行车去上班，在路上，马云看到五六个人正抬着窨井盖。这些人其实在偷窨井盖。看到这番场景，马云突然想到前几天在报纸上看到的消息，一个小孩掉进了没有窨井盖挡住的下水道淹死了。马云怒上心头，想要阻止他们。

但是，个子小小的马云面对五六个粗壮的大汉，根本毫无优势，于是，马云骑着自行车在周边找警察和路人帮忙，但没找到警察，其他人也不愿意帮忙。在周边区域绕了两圈后，马云实在忍不住了。于是他骑到这群人前面，一脚撑地，大声喝道："你们给我抬回去。"当时马云非常紧张，如果这五六个大汉一起冲上去，他只能拼命逃跑。

正当千钧一发的时候，马云的声音让旁边一个路过的人听到，他问马云怎么了，获得支援的马云兴奋回复道："他们在偷窨井盖。"

有意思的是，这个路人又问了一个问题："你想对他们怎么样？"马云感到惊讶，觉得这个人的问题非常奇怪。一转头就发现背后有个摄影机对着他。原来，当天杭州在做一个心理测试，测试的目的就是验证有多少人愿意见义勇为，结果只有马云一个人通过了测试。后来马云提到这件事情，仍然自豪当时的选择。

梦想往往植根于年少时不安分的心灵，未来往往掌握在蕴含无穷力量的年轻人手上。马云的少年时代，正是因为他的独特个性和努力，为他以后的事业打下了坚实的基础。从那个风华正茂、侠肝义胆的少年身上，我们看到了一颗未来冉冉升起的耀眼之星。

三次高考，求学路上不认输

每一年的高考日，都牵动着无数考生和考生家长的心。

马云，为了圆上大学这个梦，为了摆脱“既定”的人生轨迹，为此到底付出了哪些不为人知的辛酸呢?

从上小学开始，马云的成绩就一直是父母头疼的问题，尤其是数学，简直一塌糊涂。马云初中毕业那年，自知数学成绩十分差劲，不敢报考一流的高中，而是报考了水平一般的高中，但是结果却是连考了两次都没被录取，两次都因为数学成绩太差，结果只能上了一个三四流的高中。到了高中，他的数学成绩依然不见长进。虽然数学成绩不好，但是马云的英语成绩非常棒，这给了马云坚定的信心，认为自己的成绩还是不错的，所以在第一年高考的时候，马云在自己的高考他报名志愿表上赫然写下了“北京大学”四个字。

在外人看来，这简直就是痴人说梦，家长和老师也觉得不可思议，但还是对马云抱有一丝希望。高考来临，马云轻轻松松地步入考场，轻轻松松地从考场出来。是考题简单吗?是他胸有成竹吗?在父母的期望和老师、同学们的怀疑下，高考成绩出来了——马云，数学成绩1分。

第一次高考，马云铩羽而归，内心非常沮丧、气馁。理想是国内最高学府——北京大学，现实是数学成绩1分，这个差距实在太大!

高考失利之后，马云选择和表弟去宾馆打工，但是因为自己长相不佳被人歧视，未被录用。之后马云又换了几份工作，都因为自己的不佳长相遭到了或多或少的不公平待遇。最后还是托人帮忙，才找到一份帮出版社送书的工作。本以为日子就会这样平平淡淡地度过，但是不曾想，马云在送书的过程中读到了一本书——路遥的《人生》，这本书改变了马云的观念。马云意识到只有知识才能改变命运，自己不能被生活中的一点挫折而打倒，不能自甘堕落。于是马云毅然决然地决定再来一次，重新高考。

这一次，马云准备得很充足。迎战高考的决心和毅力非常大，但是毕竟离开校园有一段日子了，再加上之前数学成绩一直不好，所以第二次高考，马云依然未能顺利考上大学，数学成绩依然拉了他的后腿——19分。虽然比起第一次高考有了些许进步，但是离进大学还是有很大的距离。拿到成绩单的那一刻，马云有些不知所措，更加难以接受的还有他的父母。本来以为儿子信誓旦旦地说要再来一次，肯定是有信心考上大学的，但是没有想到结果和第一次一样。父母对马云考上大学不再抱有任何希望，也不再支持他参加高考，无奈的他们劝马云老老实实地找份工作，让他死了上大学的心，去学门手艺。

再一次的失败，对马云来说的确是个不小的打击，自尊心受到了极大的伤害。他也很无奈，一个人骑着自行车在杭州的街头晃荡，对未来感到迷茫。当时的中国正在热播日本电视剧《排球女将》，里面的主人公永不言败的精神打动了马云——为什么别人在失败了一次又一次之后依然能够站起来而我却不能呢？再一次坚定信心后，马云决定三战高考。

有了前两次失败的经验，马云这一次十分刻苦，但是由于父母不再支持他，也是怕父母担心，马云决定白天继续上班，然后利用晚上的时间到夜校去学习。马云为了激励自己，也为了给自己营造一个更好的学习氛围，每周日天还没亮就到浙江大学的图书馆去看书学习，希望在那里能够提前感受到大学的气息，以此来激励自己的大学梦。第三次高考，那一年，马云20岁。

马云的数学一直是他的心头刺，这么短的时间想要弥补从小学到高中落下的所有课程是不现实的，所以马云想了很多办法来提高数学成绩，如他一直在背诵几个常用的数学公式。考试的时候，马云把这几个倒背如流的公式一个个地套。出了考场，马云赶紧和同学们对答案，听同学们说完之后，马云长舒一口气，这一次肯定是能及格了。及格对于马云来说就是一个巨大的突破，最起码这说明考上大学还是有希望的。后来，成绩下来了，马云手捧着成绩单，红了眼眶，数学79分（当时满分是120分）。终于，第三次，数学及格，他也如愿以偿地考上了大学！

人们常说“再一再二不再三”，但是马云用行动告诉我们，失败多少次没有关系，关键是你还有没有想站起来的愿望。不得不说马云的高考之路是艰难的，是充满曲折的。也许一般人早就认命了，找一份稳当的工作，平平淡淡地度过一生，也没什么追求和理想，所以注定了将平凡地度过一生，无法实现自己的真正价值。而马云很理智，很清醒，深知成功不那么容易，需要不屈服、不妥协的精神，要对生活有追求，要对自己有要求。

人生路漫长而曲折，没有谁的路是笔直的，也都充满了荆棘和坎坷。选择哪个路口继续向前走决定了你将会看到什么样的风景——是一望无际的大海，还是四亩见方的一块田？每个人都有梦想，不要放弃它，要紧紧握住它，只要你不放弃，它就不会抛弃你，纵然前进的路上会遇见许许多多艰难险阻，但是终有一天，那些困难都会成为你成功后美好的回忆。正如马云回忆他的三次高考，他不觉得这是一件丢人的事情，相反，他觉得这是他人生最宝贵的精神财富。

大学生涯，收获的不只是知识

几番周折，历尽千辛万苦，马云终于步入了“象牙塔”，虽然不是梦寐以求的北京大学，但是毕竟是经过三次高考，用汗水和泪水、用无数个日夜换来的大学录取通知书，这个机会是十分珍贵的。而马云的大学生涯是如何度过的呢？可以用两个字来概括——精彩！

马云的大学本科之路说来也真是个奇迹。1984年，三战高考的马云终于跌跌撞撞地考入了杭州师范学院（今杭州师范大学）外语系，当时他的分数只够专科分数线，距离本科分数线还有5分的差距，偏偏凑巧的是，那一年杭州师范学院外语系本科班没有招满学生，因此，马云捡了个大便宜，被破格录取，成为一名本科生。到了大学，马云并没有因为自己专科成绩的原因而感到自卑，相反，马云在校园里十分积极，踊跃参加各种校园活动；由于学习的是自己非常喜欢和擅长的英语专业，马云的学习积极性就更高了，成绩也是名列前茅；马云还因为优异的成绩和活跃的课外表现，被选为学生会主席。

马云说，对自己影响最大的就是大学的四年时光。在大学的四年时间里，除了专业知识之外，更为重要的是马云还收获了学习的能力。马云在一次演讲中给年轻人的建议就是一定要去考大学，一定要有理想，在大学里待四年，这样，就会有来自天南地北的有共同追求的年轻人走到一起，与热情洋溢的青年人交流，比什么都更珍贵。

在大学里，马云结交了真挚的朋友，并且还将这位真挚的朋友变成了自己的爱人。张瑛，是马云的师妹。马云由于出色的英语口语和在学生会担任主席的原因，一时间成为学校的风云人物，这对于小师妹的吸引力是很大的。张瑛，面容姣好，性格温和，成绩也十分优秀，这样的女孩是马云十分心仪的对象。但是同时也是众多男生心仪的对象，所以张瑛的背后有很多的追求者。

面对这么多的竞争者，马云却迟迟不肯表白，直到有一天，马云听到同学们在商量着给张瑛介绍男朋友，这下子马云是真的着急了，他决定表白。而马云这一出手就是惊天地、泣鬼神，他居然选择在男生宿舍楼下昭告天下，他要追到张瑛，要娶她做老婆。这个举动在当年来说可是件挺轰动的事件。

从这件事可以看出马云对于自己想要的东西，想要追求的人，是肯下大决心、做出大举动的。这在他后来的创业生涯中凸显得更为明显。这个爆炸性的新闻当时立刻在校园里炸开了锅，成为大家的谈资。其实当时张瑛早有准备，之前马云也多次向张瑛暗中示好，但是都被张瑛婉拒了。这是张瑛在考验马云，考验他的耐心和毅力。果然，马云没有让张瑛失望，马云在多次被拒后没有气馁，也没有生气，而是屡败屡战。他知道自己长相不佳，但是他淡定自若地对张瑛说了句后来风靡一时的话——“通常情况下，男人的长相和智商是成反比的。”张瑛被这句幽默的话逗乐了，也让她更加关注马云这个人。

张瑛发现，马云这个人虽然相貌平平，但是积极参加各种社团，活跃在校园里的每一个角落，再加上马云从小养成的“路见不平，拔刀相助”的品性，使得马云在校园里人气暴涨。张瑛觉得这个小伙子是个有想法有前途的人。就这样，张瑛和马云牵手了，在以后的日子里，张瑛在马云的背后默默地支持他、默默地付出。正是张瑛这样的女子才成就了马云这样的大丈夫。

在大学，马云除了收获佳人之外，也收获了众多好友，原因就在于马云的仗义和正直。有一次，班上一名同学因为一点小错误被取消了研究生考试的机会，马云觉得非常可惜，尽管他和这位同学并没有什么过深的感情，马云仍仗义相助，主动找班主任、系领导、院领导，花费了好几天的时间，终于说服了他们，给了这位同学考试的机会。时隔多年之后，这位老同学专门从广州飞到深圳感谢马云，马云当时一脸茫然，一说起才知道这就是当年那位同学，此刻已是一家著名外资企业广州分公司的总经理。马云的真诚和仗义换来了一段深厚的友谊。

马云很喜欢读路遥的《人生》这本书，小说的主人公高加林给他的印象十分深刻：高加林高考失败，但是没有放弃，再一次考试。正是这种永不放弃的精神影响了马云，因为上大学是对个人能力的提升，是经验的积累，这种能力要是能运用到社会实践中，将对自己事业有很大帮助。

学习没有止境，没有时间限制，没有地点限制。精彩的大学生活，只是一个人一生中学习的一个小小分支，而未来的路想要怎么走，能走出什么样来，往往就取决于大学这四年你是如何度过的：是浑浑噩噩地混日子，还是明明白白地过日子，这完全在于你的个人选择。如果考上大学是一件非常不容易的事情了，已经是一件足以让全家人欢呼雀跃的事情了，那么我们为什么不把这份喜悦保持下去？不要辜负这份喜悦，考上大学只意味着你有一只脚踏入了你理想的生活，但是只有把这四年过得有意义、有价值，才能保证另一只脚也踏入理想的殿堂，拥抱幸福的生活。

三尺讲台，沉淀未来

光阴似箭，日月如梭，四年不过弹指一挥间，马云的大学生涯转眼就要结束了。1988年的夏天，马云以优异的成绩从杭州师范学院外语系顺利毕业。很多大学生毕业的时候面临的最大问题就是就业，而马云却丝毫不用为此担心。

四年的磨炼，马云早已不是当年那个费尽心力、经过三次高考才考上大学的傻小子，他脱胎换骨，成了品德好、成绩好、人缘好的优秀毕业生。24岁的马云，接到了一个让人欣喜若狂的通知——经领导研究决定，拟分配马云同学到杭州电子工业学院任教。

这是一个足够让其他同学羡慕嫉妒的机会，对马云来说，他也感到这就像是天上掉下来的大馅饼。杭州师范学院外语系的院长亲自找到马云，意味深长地对他说："马云啊，你这个机会来得不容易，为了你的分配，我们可是没少费心啊。如今这个时代，有不少年轻人热衷于什么'下海'经商，我希望你可不要随波逐流啊。你可要记住了，你肩上扛着的是我们杭州师范学院的牌子，你一定要给我好好扛下去，至少五年之内不能倒下。"就是院长的这一番话，让马云在三尺讲台上一站就是六年。

杭州电子工业学院现在已经更名为杭州电子科技大学。当时，这所理工科大学里，主要专业都是电子、控制、机械等专业，这方面的优秀老师也很充足，而商务、贸易、外语这些文科类专业师资力量比较匮乏，马云的英语特长正是该学校急需的。马云被分配到杭州电子工业学院的英语及国际贸易专业，当了一名讲师。这几年的教学生涯，也为马云后来在国际贸易领域里的发展打下了坚实的基础。

再次进入校园，但身份已经从学生转换成了教师，这需要马云立刻在心理上做出调整。而这次当老师的机会，成了马云充分展示自己外语水平、教学能力和人际交往能力的绝佳平台。

课堂上，马云摒弃刻板教学的老套路，推崇互动教学，老师和同学多交流，把课堂营造成充满欢声笑语的地方。一开始，马云采用的这种全英文式的课堂教学让很多学生不适应，但是经过一段时间，同学们都爱上了这种教学方式，因为他们感到在这样的课堂上轻松自在，更重要的是，自己还学到了知识，英语口语水平也得到了很大的提高。

马云和其他老师不同的教学方式还在于对待“差生”的态度上。有的老师对待所谓的“差生”都是不闻不问，觉得他们不爱学习，有时候甚至会扰乱课堂秩序，所以不是很喜欢他们。但是马云的态度却相反，他格外照顾“差生”，因为从小学到高中，马云一直都被老师当作“老大难”，不受重视，所以马云十分理解一个不被老师重视的学生的心情。他自己当了老师之后，不会歧视每一个学生。这些所谓的“差生”经过马云的一番调教，居然也能够在课堂上轻松自如地和老师同学们用英文交流了。直到今天，马云也经常说，没有弱智的学生，只有无能的老师。

在大学教书的马云，每个月的工资并不高，只有几十元钱，这点钱在当时对于一个刚刚参加工作的年轻人来说也算不错，但是这点工资想买房子还是非常有压力的。有很多和马云一样的老师根本买不起房子，所以就选择住在学校提供的免费宿舍里。但是马云没有这么做，而是向自己的家人和朋友借钱，在距离学校不远的地方买下了一套还算比较大的房子。这在当时无疑是一笔巨大的财富，让很多人眼红。过了几年，等到老师的福利有所增加，大家纷纷开始买房时，马云却把原来的那套房子卖了，又在西湖区文华路买了一套接近200平方米的大房子，这后来成了阿里巴巴的创业基地——湖畔花园。从这里就可以看出，马云很有商业头脑。

这六年的教学生涯，使得马云不但收获了同学们的信任和喜爱，也让他收获了一群可以同甘共苦的好朋友。而这帮朋友都知道马云是个不安分的人，他不会满足于这三尺讲台，所以就在马云提出要在西湖边上办一个英语角的时候，大家都纷纷站出来支持他。

在教学的同时，马云因为出色的英语水平，被很多做外贸生意的民营企业疯抢，高薪邀请他去做专职翻译。但是马云的心底一直守着当年那个和老校长的五年之约，所以他没有辞去老师的职务，而只是兼职去做翻译。

三尺讲台，证明马云是一个优秀的老师。六年的执教生涯，是马云人生的积累和沉淀，是为了厚积薄发。

为了承诺，干了六年孺子牛

杭州电子工业学院英语教师这个职位，马云一待就是六年。六年的时间不算短，而马云又是个不安分的人，他的内心里其实一直憋着一股劲儿，他想要创造一番属于自己的事业。可是他却心甘情愿地在大学里认认真真地教书，这是为什么呢？就是因为当年和老院长的“五年之约”。

马云是个信守承诺、说一不二的人，在教书的过程中，马云就是拿着每个月89元的工资，兢兢业业地在三尺讲台上满怀热情地面对着一张张稚嫩的脸，认真负责地上好每一堂课。六年多的时间里，马云送走了一批又一批的学生。每当新学年开始的时候，每一个学生看到马云的长相，再加上他瘦小的身材，都好像是看见了外星人一样，当同学们得知这居然是他们的老师时，都跌破了眼镜。

显然，马云知道自己的长相不讨巧，同学们有可能不太喜欢他，所以他认为自己只能靠讲课方式来吸引学生。英语，在那个年代，是众多大学生讨厌的学科，一是觉得它无趣，二是觉得它难学。马云深知这一点，所以，他就下决心把英语课上得生动，要让学生们爱上英语课。马云的课堂上，充满了欢声笑语。马云不仅讲课本上的知识，还经常给同学们讲一些课外知识，介绍一些海外趣闻，所以同学们都非常喜欢他的课。

马云后来的创业伙伴之一韩敏，曾经是马云的一名学生，他回忆说：“当年马老师讲课从来不按书本，而是天南地北地和大家聊天。当时好多同学都在大一的时候就报了英语四级，这完全是为了马老师而考的，因为大家觉得考不过就没脸见他了。”从这一点就足以看出马云的教学水平和受学生喜爱的程度。

马云流利的英语口语水平得到了当时杭州很多做外贸生意的老板的重视，他们都向马云抛出了橄榄枝，高薪聘请马云做他们的英语翻译。马云因为与老院长的约定，所以不肯辞去教师一职，只是兼职做翻译。

但是马云天生就是一个活跃分子，相对安逸的大学校园环境无法满足他狂热的内心，不能出校园，马云就想了个其他的方法来折腾。马云一心想要将英语推广到大众，让大家都能够说一口流利的英语。因此马云在西湖边上设立了一个英语角，他还经常带领学生去英语角交流学习。

马云兼职去做英语翻译，后来聘请他的人越来越多。一个人的精力总是有限的，怎么办呢？马云发现，自己身边的许多老教师退休在家，无事可做。而英语翻译不正是一个让他们再一次动起来的机会吗？这些退休老师赋闲在家，常常会感到孤独和失落，而且当时的退休工资也让他们过得很拮据。所以，马云就计划着发动这些退休老师发挥余热，去外贸公司做英语翻译。有了这个想法之后，马云就立刻付诸实践。1992年马云在杭州创办了一家专业的翻译机构——海博翻译社，这也是杭州市第一家专业的翻译社。这家翻译社虽然不算大，但可以说是马云万丈高楼的第一片瓦。

当时，马云已经快到而立之年，但是他依然有一种“敢为天下先”的精神和魄力。刚刚创立的海博翻译社的主要员工除了马云和他的创业伙伴之外，就是一些退休的英语老师，而马云则依然全职在校园里做他的英语老师，只是在课余的时间里去翻译社工作。可是通常第一个吃螃蟹的人会遇到重重困难，当时的海博翻译社虽然云集了一批精通英语的老教师，市场上也的确有很多商家需要英语翻译，可是这毕竟是杭州市第一家翻译社，而很多商人又不愿意把钱花在一个不知名的小翻译社上。因此，海博翻译社创业初期就举步维艰，开门一个月，仅仅入账700元，而当时马云租的房子一个月的房租就是2400元。

入不敷出，让马云很头疼，当时也有好心的同事劝马云赶快收手。吃紧的财务，让马云的一些合作伙伴开始动摇，他们也张罗着关门大吉。可是马云是个不服输的人，他不相信自己这么容易就被打败。他认为一定要坚持，希望一定就在前方。

马云不想关闭海博翻译社，而入不敷出的局面又必须得到解决。所以马云就开始挣外快，而这份钱着实不好赚。南方的夏天，天气格外热，马云顶着太阳，背着大麻袋，从杭州跑到义乌、广州去批发一些小工艺品，然后再千辛万苦地背回杭州。就这样，一个大学教师，蓬头垢面地混迹在各种小商小贩中，谁也想不到他是一个有着稳定工作的大学老师。而马云对于自己身份的转变，一点也不感到失落，他感到靠自己的努力可以支持自己的事业是一种骄傲和幸福。

除了卖小商品之外，马云还推销过医疗器材，而这样的“倒爷”生活一过就是三年，他靠着这些钱足足养了海博翻译社三年，让本来不被大家看好的翻译社支撑到1994年，基本实现了收支平衡，1995年就开始盈利了。而当海博翻译社步入正轨后，马云就放手将其交给自己的合作伙伴们去做了。这期间，马云虽然为海博翻译社操足了心，但是学校里的课却一点都没有耽搁，他还是全校课程最多的老师，也依然在学生们心中有很高的声望。

“五年之约”终于结束了，马云也算是履行了自己的诺言。大学教书的生活，马云兢兢业业，称得上是一个优秀的老师。而马云在教书的同时能够有创业的想法和实践，这也证明了他绝不是一个安于现状的人，他注定要在商海里遨游，他的天地注定要比我们想象的都大。

六年大学教书生涯，给了马云很多的锻炼，多年后马云回忆起来依然十分怀念当老师的日子。这是他日后创业的基础，是他走上人生大舞台的第一步。从这里起步，马云以后的日子将会发生翻天覆地的改变。

像阿甘一样不停地奔跑

怎么形容马云的个性呢？看过电影《阿甘正传》的人一定会被电影主人公阿甘的坚持和坚韧的精神所打动，而现实中的马云就是有着阿甘一样不屈不挠、永不言败的精神的人。

翻译社的成立，给了马云很大的动力，也给了马云巨大的压力，尤其是创业初期时，公司的收入难以支付公司的日常支出。但是马云并没有因此而放弃，而是想尽办法要将翻译社支撑下去。为此他付出了许多，甚至是常人无法理解的努力和付出。这部分经历在上一节已经讲过，此处不再赘述。

众所周知，马云最擅长的就是英语，他一直有个愿望，就是希望更多的人能够爱上英语，提高英语口语水平。因此，马云成立了一个英语班，由于马云在校教书的名气，和自己出色的英语水平，使得英语班的名气大振，许多人慕名而来，学生也是不分年龄、不分职业，有大学生，也有参加工作的，甚至还有残疾人坐着轮椅来上课，当时就有一位电视台主持人带着母亲一起来上课，还有奶奶带着孙女来学习，足以看出很多人都对马云有一种崇拜的心理。尤其这位奶奶，当时已经有80岁的高龄了，但是学习热情不减，她说自己很早就是马云的“粉丝”了。在办英语班之前，马云曾经有段时间在涌金夜校教英语，当时这位老奶奶就有事没事总去夜校闲逛，看到这位老师的课堂上有这么多的学生，一时好奇也就跟着听听，谁知这一听就入了迷。后来知道马云创办了英语班，就慕名而来，成了一名正式的学员。

马云对这位特殊的学员很是照顾，由于这位老奶奶年事已高，腿脚不便，马云还安排工作人员去接老奶奶上课。有一次，一位员工被安排去接老奶奶，这位工作人员到了她家门口敲门，没想到门一打开，就看到马云和其他几个同学已经先到了那里。原来是英语班的事情传到了电视台，所以他们专门安排摄制组来拍摄。老奶奶和马云的关系很好，直到1995年秋天老奶奶过世了，马云还带领一批学生去为她送行，希望她能走得安心、走得幸福。

多年来，马云对人对事都很执着有爱心，他像阿甘一样，对人真诚，所以身边朋友很多，有些朋友甚至是从小就结识的。马云在小的时候认识一个澳大利亚朋友，这位朋友还诚恳地邀请马云到澳大利亚做客。马云到了澳大利亚后，发现很多人都喜欢中国的文化。有一次在澳大利亚的公园里，马云看到有很多人在打太极拳，这可是马云最喜欢的运动，所以就高高兴兴地参与其中。后来这位澳大利亚朋友在自己已过古稀之年还去英语班听马云讲课，他和那位老奶奶可谓是英语班上的一道奇特的风景。

电影《阿甘正传》中，阿甘坐在长凳上，手里拿着一盒巧克力说："人生就像是一盒巧克力，你永远不知道你拿到的是什么口味。"也许这就是人生的意义，充满未知，充满奇迹。马云对未来充满了好奇和激情，他曾说，100个人想要创业，可是会有95个人连自己是怎么死的都不知道，因为市场很残酷，不是每个人都能够存活下来的。当年的海博翻译社，如果不是马云的坚持，不是马云的破釜沉舟，怎么会有后来的成绩？我们今天看到了马云庞大的电子商务王国，可是我们却不曾看见马云创业背后的千辛万难。乱世江湖，什么事情都不是我们想象的那么简单，而马云却能够保持一个侠客的精神和魄力，勇往直前，不断前进。就像阿甘一样，不停地奔跑，跑完了这个阶段，还有下一个目标，所以马云没有满足于海博翻译社的成功，而是向着自己更远大的抱负前进。

马云说，做像海博翻译社这样的小公司，重要的战略就是活下来，挣钱。我们不能一开始就想着如何赚大钱，没有积累，没跌过跟头，你怎么会知道如何跑得更快？所以海博翻译社刚成立的时候虽然资金吃紧，也不被大家看好，但是马云心里很清楚，只要能够挨过创业初期的艰辛，面包总会有的。因此马云不怕吃苦，即便是要当时作为大学教师的他穿得脏兮兮风尘仆仆地去进货、卖小手工艺品，他都不在乎。成大事者，必能吃得苦中苦。

更难能可贵的一点是，马云不但有阿甘坚忍不拔的精神，他还有一种领导的气质和睿智。创业者有很多种身份，有一个身份至关重要，那就是领导者。作为一个领导者，重要的不是该领头人有多么大的本事，能够干多少活儿，而是他能够调度，能够知人善用，能够发挥员工的最大价值，能够在员工心中形成一股凝聚力，这才是一个优秀的领导者。而马云正是做到了这一点。

在马云的团队里，有朋友、同学、学生，有人比他年长，有人比他年轻，但是他能够认真地对待每一个员工，他善于发现每一个人身上的闪光点，然后将其放大，他就像一只领头羊，像个磁场一样吸引着大家，让大家围绕着他向着共同的目标前进。创业的路上，马云从来不是孤胆英雄，他的身边总有各路好汉陪伴，所以他的事业方能稳如磐石。

第二章

单枪匹马闯天下，历经商海沉浮

“真正的勇士，敢于直面惨淡的人生，敢于正视淋漓的鲜血。”这句话用在马云身上仿佛有些过了，不过马云的的确确是有着豪侠一般的勇气和魄力，任凭商海江湖风起云涌，我自成竹在胸，岿然不动。历经商海浮沉，方能看到最后谁能笑傲江湖，直挂云帆济沧海。

赴美上演“好莱坞大片”

马云的美国惊险之旅，就像一部好莱坞大片的情节。马云究竟在美国遭遇了什么呢？此次美国之行是怎样改变了马云的商业轨迹呢？

当时，杭州市政府伤透了脑筋，第一次引入外资就遇到了大麻烦。而当时的政府里面，还没有专门从事解决境外纠纷的人员和部门，英语好的人恐怕都找不出几个。马云由于创办海博翻译社，在当地积累了不小的人气，认识了一些商界和政界的朋友，其中一位政界的朋友正好是这起合同纠纷事件的参与者，所以当杭州市政府头疼该派谁去美国谈判时，他就向领导举荐了马云。领导听了下属的建议后，将信将疑，决定先见马云一面。见了面谈了话之后，领导也觉得马云是不二人选，就这样，马云拥有了赴美的机会。

马云带着领导的期许和数千名民工的重托，踏上了飞往太平洋彼岸的班机。在飞机上，马云就想好了到了洛杉矶之后要如何和那个投资公司说清楚，如何与他们周旋，他想他们肯定会纠缠一番，为自己辩白，所以一定要做好充足的准备，和他们打一场硬仗。马云一下飞机就马上联络那家投资公司。到了公司之后，见到了相关主管人员，让马云奇怪的是，对方丝毫不提合同的事，对待马云就像对待一个远方来串门的亲戚一样充满了热情，招待得无微不至：先是给马云安排了一栋极为富丽堂皇的别墅，让马云暂时在里面休息，然后就是各种美味佳肴伺候着。后来，马云见到了该投资公司的“董事长”菲利普先生，这个人也不说合同的事，只是让马云好好休息，还特意给马云安排了一个高个子的人当导游，陪同马云出行。一时间，马云有点被弄晕了，他也不清楚究竟是怎么回事，以为这就是美国的待客之道，所以开始也就没有太多的意见，以为之后大家就会步入正题了。

这个大个子导游领着马云在洛杉矶游玩了两天，但是马云的心思全不在这上面，所以显得没什么兴趣。那个大个子好像看出了马云的心思，便神秘兮兮地问马云：“杰克，你敢不敢去一个刺激的地方？”这个时候的马云已经放松了警惕，心想这个大个子人还不错，陪着自己逛了两天，有什么不敢的呢？大个子高兴地打了一个电话，很快就有人送来了车票，一会儿就来了一辆大巴，叫“发财巴士”。

一开始，马云对这一切都不是太清楚，不知道究竟是怎么一回事。到了车上后，经过询问才知道，当时的洛杉矶，为了吸引更多的游客去拉斯维加斯赌博，就开设了这种只需15美元搭乘的“发财巴士”，到了赌城后，可以凭借车票回赠32美元，还有一顿丰盛的自助餐券和赌场筹码20美元。这对很多人来说都是个极大的诱惑。马云这才恍过神来，原来自己是踏上了去赌城拉斯维加斯的客车。

拉斯维加斯，一座光怪陆离的城市，以赌著称，马云和大个子到达时，夜幕已经降临。夜晚的拉斯维加斯更增添了几分魅惑之感。在那里最常见的有两种玩法，一种是吃角子老虎机，赌的就是运气。每次投一角、二角五分或一美元，幸运的话会收获大满贯，赢得一万美元，运气差的话就会瞬间输掉所有。马云玩的就是这个。其实当时马云并不想赌，但是来都来了，就赌一把吧。那个大个子教会马云后自己就去豪赌了，但是马云发现他总会时不时地回来看看马云，就像盯着一个犯人一样。之后他们又一起看表演，就在这时，马云发现那个大个子的腰间别着一把手枪。当时的马云被吓得一身冷汗，他马上意识到自己是遇到坏人了。

事实上马云走后，杭州市政府就调查出这家所谓的美国投资公司实际上是一个国际诈骗集团，但是马云知道得太晚了。马云和大个子回到洛杉矾之后，想要离开，结果那个菲利普就向马云摊了牌，要马云跟他合作。马云当然不肯，这帮人竟然恼羞成怒，将马云软禁起来，而这一软禁就是整整一个月。在这一个月的时间里，马云不但受到了身体上的折磨，更多的是心灵和精神上的折磨。马云就像被恐怖分子劫持一样，被那个大个子用枪威胁着，不让乱说话，更不让随意行动。马云是个非常机灵的人，他觉得硬拼肯定不行，只能智取。

通过一段时间的了解，马云觉得那个大个子还是个比较不错的人，于是他决定赌一把，把希望全都寄托在这个大个子身上。马云将自己身上所有的钱都给了大个子，希望他能够帮助自己买一张回国的机票。那个大个子当时笑着答应了马云，回来后还兴冲冲地对马云说："杰克，我已经帮你定好机票了，你到售票处直接取票就行了。"殊不知，知人知面不知心，这个大个子根本就不是真心想帮助马云，他没有帮马云买票，心想马云没有了钱又没有回国的机票，最后只能乖乖地回来。

到了机场之后，取不出票，马云才意识到自己被骗了。身在异国，举目无亲，当时的通讯还不发达，马云也联系不上亲人，简直到了穷途末路的地步。

马云一个人坐在候机大厅的长椅上，万分沮丧。这个时候，他看见了一台老虎机，他摸摸自己的口袋，还有25美分。怎么办？只有放手一搏。但是一次、两次、三次马云都没有成功，最后他只剩下一美分了。马云心想，一美分在这里什么都做不了，还不如赌上最后一把。没有想到的是，就是这一把让他收获了600美元！兴奋的马云拿着这600美元就往售票处跑，但是排队的时候，马云就想这次美国之行非但没能给市政府解决问题，反而把自己搭了进去，弄得如此狼狈。马云越想越窝火，感觉自己太窝囊了，不能就这样回国。他想起了曾经的美国同事说起自己的女婿在西雅图搞互联网，便决定去探个究竟。就这样，马云坐上了去西雅图的火车。

这种经历不是每个人都有的，很有传奇色彩，而我们大众要学习的是马云在困境中不失理智的能力和勇敢无畏的魄力。

创业梦想遭到一边倒的反对

偶然的机会来到美国，又是惊心动魄的经历使得马云有了一次西雅图之行。在西雅图，马云看到所谓的电脑、因特网时充满了好奇，但又是什么驱使他回国创建中国的互联网？又是什么驱动他要在互联网中大展宏图?

当马云在Sam的引导下，发现居然在键盘上轻轻敲出几个单词，就可以收集到来自世界各地的相关信息时，惊讶之余更多的是赞叹。而当马云发现偌大的互联网，居然找不到任何有关中国的信息时，他是不甘甚至愤怒的。当时，他就问Sam，能否将自己的海博翻译社弄到互联网上？Sam给了他肯定的回答，并且当时就给马云的“海博”网页制作了一条类似于广告的信息。这条广告跟今天的互联网广告比起来，简直就是小巫见大巫。没有图片，没有声音，没有影像，更没有动画展示，有的仅仅是寥寥几句关于海博翻译社的介绍，干巴巴的几行字。马云也没有抱多大的希望，只是好奇，想要在互联网上留下中国的印记。

随后Sam对马云说：“你就等着接生意吧！”马云将信将疑，心想，这么几句话，就能有人找上门来吗？马云对此非常怀疑。他没有把这个当作一回事，因为当时的他对互联网还是一个十足的门外汉，还没有体会到互联网的内在魅力和巨大力量。之后，马云就跟随Sam上街了。头一次来到西雅图，又经过在洛杉矶的惊险遭遇，马云也该好好放松放松了。Sam带着马云东逛逛西瞅瞅，恨不得用一天的时间就让马云游览完整个西雅图。一天下来，马云累得筋疲力尽。回到酒店，马云立马躺在床上，准备休息。没想到这个时候，电话铃响了。马云被吓了一跳，匆忙中马云拿起电话，只听见电话那头传来一个急促而又兴奋的声音，是Sam，“Jack，你快来看，有5封你的E-mail。”

听到这个消息，马云先是一愣，觉得不可思议，等缓过神儿来，又是兴奋不已，抓起外套就向门外跑。赶到VBN公司后，马云急匆匆地打开电脑中的邮箱，果真如此，真的有他的邮件，并且是来自好几个国家，有的是某机构，有的是某公司，也有的是当地的留学生。

让马云兴奋的是，有一封邮件上面说：“这是我们发现的第一家中国公司的网站，你们在哪里？我们想和你们谈生意。”这个信息对马云来说无疑是一个巨大的商机，改革开放之后，中国的私人企业逐渐增多，可是那么多的公司却没有一家在互联网上进行宣传，这是一个多么大的失误，又是一个多么大的市场！这下子，马云终于体会到了互联网的魔力，他的心头有一种按捺不住的冲动和兴奋感，他要回国，马上回国！他要马上回国创业，做互联网！

一张飞机票，十几个小时，横越太平洋，马云从美国飞回了杭州。这次回来，马云的身上多了一件宝贝——386笔记本电脑，配有英特尔的芯片，这是当时最高性能的配置，堪称当时世界上最先进的PC机。而这台电脑是怎么来的呢？还要感谢洛杉矶飞机场的老虎机，马云用1美分，赚了600美元，除去机票钱，剩下的正好够买一台386电脑。买完它之后，马云的身上就只剩下一美元！马云就带着这一美元和这台笔记本电脑回了国。

回国后，一下飞机，马云就赶紧召集朋友们当晚来他家里商量大事。他一共邀请了24位自己觉得信得过、交情深的朋友来家里开会，而且他还颇有意思地给这次会议起了个名字，叫“24人大会”。

这些朋友对马云的美国之行甚是关心，以为马云这么急着叫上大家，应该是要分享一下美国的见闻。晚上，24个朋友准时赴约，小小的屋子里挤满了人，马云站在中心，清了清嗓子，开始讲述此次美国之行的惊心动魄：先是拉斯维加斯豪赌见闻，再是被国际诈骗犯软禁绑架，最后他重点讲了自己的西雅图触“网”，向大家详细描述了电脑和互联网，并且将自己新买的笔记本电脑拿出来，让大家见识见识。他还骄傲地告诉大家，这是世界上最先进的电脑，价钱特别高，好几百美元。大家听说这个宝贝这么贵，都瞪大了眼睛瞅着它，可是这么个四方块，谁也没有看出到底它有什么稀奇之处。

看见大家面面相觑的样子，马云觉得很好笑，这就跟他在西雅图第一次看见电脑时一样。马云知道大家都不了解这是个什么东西，便开始娓娓道来。他告诉大家互联网是一个非常神奇的东西，在那里，你只要轻轻一点，就可以知道世界上任何一个地方的信息，这种神奇的东西在中国还没有出现，而美国早就有了。我们中国人不能甘于人后，也要跟上时代的步伐，我们也要做互联网。

马云说得慷慨激昂，持续了两个多小时。大家都在听他侃侃而谈，但是听得明白的却没有几个，更多的人听得云山雾罩、迷迷糊糊。大家基本上都没出过国，更没接触过互联网，哪能一下子接受马云说的这些呢？大家也就是听着热闹罢了。

讲到最后，马云向大家宣布：“我现在就准备辞职开始做这个事业了，这个事业叫作‘Internet’！”这句话从马云口中说出来，掷地有声，铿锵有力，看得出马云是下了决心的。马云的游说能力一向很强，可是没有想到这次却成了他的滑铁卢，一番苦口婆心之后，大家的反应却是惊人的一致——不感兴趣，并且坚决反对。24个人中，只有马云的妻子张瑛支持他，其他23位朋友都反对马云的这个决定，他们认为马云这个想法太过于天马行空，没有未来，是不会成功的。面对朋友接二连三的关于互联网的追问，马云也是支支吾吾、答非所问。朋友们的质疑大多来自资金问题，他们劝马云，这都是应该由政府首先牵头干的事业，你没有政治优势，更没有资金力量，如何去干？好好的大学教师不干，要去鼓捣这个，不是丢了西瓜捡芝麻吗？

其实大家也不是反对马云创业，大家都清楚马云的为人，他的性格的确不适合在校园里待着，开个酒吧饭店、办个学校什么的，大家还都是支持的，但是互联网这个东西太过于新奇，大家一时之间还难以接受。马云也明白了，没有点儿实际效果，是很难说动这些“顽固分子”的。

虽然23个人都不同意马云的想法，但是其中还是有一个人站出来为马云打气。这个人就是何一兵，他是马云在杭州师范学院的大学同学，专业是自动化，学过芯片设计，还会编程，毕业后被分配到学校当了老师，是马云的同事。

事实证明，真理往往掌握在少数人手中。不过，当时，一边倒的反对意见还是给了马云不小的打击，让马云也一度怀疑自己的决定。

创业的路上总是充满了艰辛，万里长征，这才走了一小步。

做“中国黄页”，软磨硬泡

人生本来就充满了无数的可能性，多多尝试才会找到真正适合自己、真正自己想要的，马云正是在多次实践后才逐步走到阿里巴巴开创的电子商务领域。在此之前，马云都做过些什么呢?

从美国回来后，马云决定做中国的互联网。为了实现梦想，马云下了很大的功夫，但面临着许许多多的难题，首要难题就是凑钱。大学老师的工作，每个月只有几十元钱的工资，海博翻译社也是刚刚步入正轨，没有太大的盈利，当时的马云手中真的没有什么钱，他只有去凑。马云的妻子张瑛非常支持自己的丈夫，慷慨地拿出全部家当6000元钱，这在当时来说已经是一笔不小的数目，然后张瑛又卖了一些自己的首饰。可是这些钱还是远远不够，于是马云和张瑛又向亲戚、朋友们借钱，终于凑够了4万元钱。后来马云又将海博翻译社的办公家具变卖了，折了3万元钱，前前后后总共凑了8万元钱。

这个时候，此前在“24人大会”上支持马云的何一兵又出资1万元，还有一个叫宋卫星的朋友觉得马云这个想法有前途，于是也投了1万元。就这样，一共凑了10万元的启动资金，马云、何一兵、宋卫星三人小组在杭州的一栋普通民宅里创办了可能称得上是当时中国第一家的互联网公司——浙江海博网络技术有限公司。这可谓是当时中国互联网史上最具里程碑意义的新篇章，成为中国第一家真正意义上的商业网站，定名为中国黄页。

别看启动资金不多，但是中国黄页公司的体制是非常先进的，从一开始，它就是一家股份制公司，拥有四个股东和三个创办者——马云夫妇共出资8万元，拥有80%的股份；宋卫星出资1万元，但是他并不参加公司的具体运营，占有10%的股份；另外的10%股份则由同样出资1万元的何一兵占有。公司内部分工也很明确，马云担任总经理，何一兵担任副总经理，马云和何一兵主要负责对外跑业务。而马云的妻子张瑛则主要负责给客户发邮件。万事开头难，中国黄页的开业初期非常艰难，甚至可以说凄惨，关键因素还在于缺乏资金。

当时，为了节约成本，只是租了一小间民居当办公室，而办公室里唯一的设备就是马云从美国带回来的那台386电脑。更要命的是，当时马云预付了一年的房租，10万元的启动资金，房租一下子就用掉了一大部分。最惨的时候，公司的账上只有200元现金，这让中国黄页一度陷入窘境。资金缺乏，业务又跟不上，眼看着公司就这样一天天衰落下去，马云的心中焦急万分。万般无奈下，马云只好通过自己的朋友圈，先从身边人做起。当时的马云兼职在一些夜校教英语，因此结识了一些商界朋友，比如中小民营企业的老板们。马云待人真诚，因此当这些商界朋友听说马云创业有困难时，都伸出援助之手。

虽然看上去生意多了，但是当时马云的中国黄页是和美国西雅图的VBN公司合作的，是租用对方的服务器，因此利润上就要和人家按照四六开分成，中国黄页只拿到四成的利润。其实当时马云花费最高的并不是租用服务器的租金，而是制作网页的人工费，因为这一直都是美国的公司在做，而这个费用是非常昂贵的。后来直到马云收获了李琪这员大将之后才中断了和美国公司的合作，渐渐开始自己设计制作网页。更重要的是，由于都是马云的朋友在帮衬着，因此初期给朋友们做的这些网页宣传马云都没有收费，只有一位朋友象征性地给了6000元钱。马云深知，靠朋友不是长久之计，想发展，还是要开拓客户群。

马云意识到生意难做，关键在于在杭州很少有人知道互联网。人们对于未知的东西一般会有一种恐惧感和排斥，因此要消除人们的这种心理，拉近他们与互联网的距离，就要宣传普及互联网知识，而这个重任当然就落到了马云的肩上。之后马云就在杭州的大街上给中国黄页做宣传。几经努力，他终于拉到了中国黄页的第一个付费客户——望湖宾馆，这是杭州的一家四星级宾馆，老板是马云的朋友，马云跑断了腿说破了嘴，终于拿下了这个2万元的单子。

有了第一笔，就有第二笔，时任中国黄页总策划的余晓鸿后来回忆中国黄页拿到的第二笔网站收入是来自杭州一家主营衬衫等真丝服装生产的民营企业——雅士达公司，而这一单的成功也是来自中国黄页员工的“精诚所至，金石为开”。在当时，中国黄页拿到了2万元的订单，实际上也只能得到8000元的收入，大头还是被美国的VBN公司拿去了。但即便是这样，马云还是在坚持不懈地寻找客户。当时马云想做当地一家企业的生意，可是老板不理解，马云就反反复复地对他讲电子商务究竟是什么东西，在互联网上做广告有什么用。马云一共跑了五次，也未能说服这位顽固的老总。临走的时候，马云还是不死心，便要了一份关于这家企业的宣传资料，回去后让员工彻夜赶工。几天后，马云抱着一台笔记本又杀了回去，当这位老板清晰地看见自己公司的信息以网页的形式显示在屏幕上时，终于被说动了，开出了支票。中国黄页初期的订单大多都是这样软磨硬泡谈下来的。

阿里巴巴在美国上市，马云成为中国首富，这何其伟大光耀，可是他背后付出的辛酸和汗水却很少有人知道。想干事业，就要有不怕吃苦、不怕打击的思想准备，尤其是在今天这个竞争如此激烈的市场中，没有耐力，没有韧劲，很容易就被踢出局。

创业的人很多，其实人与人的智商差不了多少，但走着走着就有人掉队了，被扔下了，被淘汰了，是他本身的能力不行吗？也不尽然，有时候你比成功的人就差了一步，就因为你太累了、太受打击了，所以你不想坚持了，然后你就倒下了、放弃了。殊不知，成功的人比你多坚持了一步，他就看到了胜利的曙光。所以，想创业的人在遇到困难的时候想一想马云曾经遭遇的打击吧，没有过不去的坎儿，就看你有没有决心和毅力。

披荆斩棘，迎难而上

万事开头难，能够披荆斩棘、迎难而上，方能直挂云帆济沧海。中国黄页创建初期，在马云从杭州刚刚开始起步做互联网的时候，面临的困难数不胜数，而且十分棘手。可是马云和他的团队没有畏缩，困难像弹簧，你弱它就强，因此他们用顽强的意志和聪慧的头脑，战胜了一个又一个的难题。

中国黄页，跟出售钢筋、汽车、服装的公司不同，和贩卖手工艺品、小吃的小商小贩不同，和提供服务的行业也不同，它出售的是一种人们看不见、摸不着的东西。没有马上看得到的成果，又有谁愿意掏钱呢？更何况当时的中国人，对互联网的了解还知之甚少。

其实对于当时的马云来说，大众不了解互联网并不是他最担心的，因为他们不了解没关系，反正马云的客户对象也不是他们，但是关键的是那些商人、企业家们不明白互联网是怎么一回事，而马云仅仅是拿着几张从美国寄来的打印纸和一个越洋电话，是很难让客户们信服的，所以这就难怪当时马云会被人当作骗子了。

客户认为，马云所展示的几张纸不过是他自己制作出来的，而根本不存在于互联网上，所以根本就不会有人看到。即便是马云的中国黄页已经做成了望湖宾馆和杭州电视机二厂等单位的单子后，这两家企业对中国黄页依然是将信将疑。即使这两家公司收到了来自国外的电话和传真，他们也不认为这和中国黄页所做的宣传有什么关系，他们认为这并不能证明外国客户是因为在互联网上看到了中国黄页制作的本公司的网页才来联系他们的。这让马云哭笑不得，他在等待一个机会，一个可以证明自己、为自己洗去冤屈的机会，而这个机会在1995年7月到来了。

1995年7月，在原邮政部电信总局（当时中国最高的电信主管部门）的批准下，上海率先在中国内地开通了44K的互联网专线。这下子，马云终于看到了希望的曙光。一个月之后，在杭州西子湖畔的一间普通的小民房里，杭州明珠电视台的一台摄像机正在全程拍摄这历史性的一幕：瘦小的马云在昏暗的房间里，摆弄着一台486电脑，身后站着的是望湖宾馆的老总和电视台的记者。

在众人的注视下，马云用长途电话拨通了上海电信的电话，经过大约五分钟，这台笔记本电脑成功联网！然后马云便打开了电脑屏幕上的浏览器，接下来在键盘上敲打出了一串大家都看不懂的“天书”——http：//www.chinapages.com。又过了大概三个半小时之后，网页终于下载完毕，这时电脑屏幕上出现了一幅让大家兴奋不已的画面——望湖宾馆的主页。这下子，望湖宾馆的老总总算是相信了马云，相信了互联网的力量。看着电脑上从美国西雅图传过来的望湖宾馆的图片和简介，客户满意了，记者沸腾了，当然最激动的还是马云和他的团队，用了不超过四个小时，就让这些客户相信了马云和他的中国黄页。但是这一步走过来，马云却花费了四个月的时间。这以后再也没有人叫马云骗子了，那一刻，马云甚至流下了委屈和幸福并存的泪水——总算是克服了第一个难题。

这个难题的攻破给马云和中国黄页的确带来了不小的好处，这之后，望湖宾馆的声望大增，甚至世界妇女代表大会在杭州召开时，许多世界妇女代表专程去参观望湖宾馆。媒体也开始把中国黄页当作香饽饽争相报道，一下子，马云在整个杭州市都出了名，而名气直接带动了中国黄页的业务量，公司也逐步走上了盈利的正轨。看上去似乎马云的事业将迎来崭新的一页，但是没有想到，命运就是爱和马云开玩笑，难题接踵而至。

1995年9月的一天，有五个来自深圳的生意人到杭州找到了马云，想要跟马云合作，而且一开口就是出资20万元，这无疑是一个极大的诱惑和机会。当时马云和他的团队正缺钱，无法开展业务，要是能够谈成这次合作，公司肯定会更上一个台阶。突如其来的“机遇”，让马云兴奋不已。30岁出头的马云还是太年轻，缺少经验，仅仅听了几个深圳老板的口头承诺，就掏心掏肺地将自己公司的核心商业模式、技术精髓通通告诉了对方，为了更加显示自己想要合作的决心，马云还派出公司的核心员工到深圳为人家架构、设计、开发系统，做好之后，那几个深圳老板非常满意，但是他们却提出三天后再飞到杭州和马云签合同。

这个时候，马云还没有意识到自己被骗了，依然兴奋地等待对方的到来，还在幻想着怎么利用这20万元开展更大的业务。三天很快就过去了，但是深圳那边杳无音信。这下马云有些着急了，但他还在内心自我安慰：好事多磨，好事多磨。万万没有想到的是，几天之后，就传来那几个大老板在深圳召开新闻发布会，宣布自己的企业已经成功上网并且成为一家商业网站的消息，而他们演示的网页和系统，正是中国黄页的核心技术人员给他们设计的，和中国黄页几乎一模一样。马云这才意识到自己被骗了，非但一分钱没挣着，还给人家白干了活儿。这次经历给了马云很大的打击，他在多年之后谈起这次上当受骗时说：“我认为做生意最重要的是讲诚信。当年骗我的那几个人的企业早就消失得无影无踪了，可是我马云的企业却能够屹立不倒。”

经历了中国黄页创业的前前后后，马云更加坚定了自己的事业方向，他要全身心地投入到这项工作中。当时有两个选择摆在马云的面前，是辞去大学老师的工作，还是放弃中国黄页？马云义无反顾地选择了前者。当时马云已经教学六年多了，也算是兑现了当年给老院长的承诺。校长极力挽留马云，但是马云去意已决，目标已定，即便这条路会很坎坷，马云也愿意为之流血流汗，因为他热爱，他向往。

成功要耐得住寂寞和孤独

一个有主见、有坚定的决心、不随波逐流、不轻易妥协的人往往更容易成功。而马云就是这样一个人。

面对那么多朋友的反对，马云没有气馁，更没有放弃，而是更加坚信自己的决定，更加坚决地要走互联网这条道路。马云从小就是一个有了想法就要去实践的人，有梦想不去行动，那就只是一个梦。

敢第一个吃螃蟹，我们现在会觉得那是一种勇气和魄力，但是对于第一个吃螃蟹的人来说，痛苦的是不知道如何去吃，更重要的是别人以为那不能吃，所以他也就不会理解你为何要吃，更不会支持你的做法。因此马云的中国黄页在当时并没有得到他想要的反应。

创业初期，马云每天都出去谈客户，到处跟人讲互联网的好处和未来的发展，以及网络对企业发展的重要性，所以企业要在互联网上做广告，要把自己的信息放到互联网上，让全世界的人都能够了解到。可是在当时的中国，见过电脑的人都不多，哪里会有人懂互联网呢？客户给马云的反馈大多都是“互联网是什么东西？”

当初，马云在全国各地跑业务，可是并不是每一个城市都像杭州、上海一样先进开放，好多城市都没有通互联网，因此他们还是把马云当作骗子。但是马云没有灰心，他耐心地说服每一个客户、每一个记者，他想通过自己的努力让更多的人了解互联网。

刚开始的日子里，公司非但没有赚钱，还有点亏损。虽然中国黄页很成功地说动了一些企业将其信息放到了互联网上，也有些企业得到了反馈，甚至有的企业还拿到了订单，但是总的来看，比起当时传统的广告，效果还是微乎其微。很重要的原因就是浏览中国黄页的人实在太少了，看到的人少，当然了解到这些公司的人就少，也就很少有人跟这些公司谈生意。此时的马云萌生出了一个想法——去北京！

从南到北，北京之行，是需要极大的勇气的。马云既然决定了，也就是抱着极大的决心去的，不管在北京会收获什么，总要走出第一步，才知道会走到什么地步。马云的这种精神，很值得今天的年轻人学习。

深秋时节，马云和何一兵，一个人抱着一摞宣传资料，一个人抱着一台当时最先进的486电脑，就这样站在北京的街头，瑟瑟的秋风打在他们的脸上，有些疼，有些冷，但是两个年轻人的心中却是火热的。马云和何一兵来到北京就是奔着当时互联网行业最具知名度的“网络女侠”——张树新去的。多年之后马云回忆起这次北京之行，至今对瀛海威那块气势磅礴、充满煽动性的广告——“中国人离信息高速公路有多远——向北1500米”记忆犹新，从那块广告牌向北1500米正是中关村，如今中国的高科技中心。

在那里的一间办公室里，马云找到了张树新。当时的张树新非常忙，有很多工作要做，所以根本没有太多的时间来招呼马云。本来马云是想和张树新就互联网未来在中国的发展大谈特谈一番的，可是没有想到第一次见面就被晾在了一边半个小时，马云觉得很是自讨没趣，于是便和何一兵两个人从中关村走了出来。

马云和何一兵两个人徘徊在北京，举目无亲，投奔无门，就这样回杭州，马云肯定心有不甘。幸好马云从小就是乐于交友的豪放性格，因此他走到哪里都能交到朋友。来到北京不久，马云就认识了一个叫钱峰的小伙子。钱峰当时不到30岁，在中关村一家知名的IT公司四通公司任职。后来钱峰辞职创业，做起了BP机生意，生意也是经营得风生水起。马云到北京后，和钱峰熟了，钱峰就全心全意地帮助马云，甚至放下自己的生意不做，开着车整天拉着马云跑业务、找商机，在寒风凛冽的北京街头，从中央各大部委到京城各大媒体，钱峰和马云都走遍了。患难见真情，在你困难时肯搭把手的都是真朋友。

成功不可能一帆风顺，更不可能一蹴而就，耐得住寂寞与孤独，方能守得花开见月明。

在北京卧薪尝胆的日子

从1995年到1997年，马云多次到北京寻求互联网事业的发展，这中间具体经历了哪些事情，这一节，我们来细细说起，让你了解一个更全面真实的马云，更加深刻地理解马云创业的艰辛。

当时的中国对发展信息高速公路一直有两种声音。一种是保守派，认为所谓的信息高速公路是西方发达国家的“新殖民主义”阴谋，中国不能跟风，被人家牵着鼻子走。另一种是改革派，认为中国必须走信息高速公路，发展互联网，否则就会远远落后于其他国家，重蹈闭关锁国的悲剧。论战的过程中，政府迟迟没有表态，媒体当然也不敢轻举妄动。因此当时没有哪家媒体敢主动给马云做宣传。

弄清楚了形势之后，马云知道必须首先打通媒体。马云通过钱峰认识了一个司机，而这个司机在《北京青年报》报社工作，在和这个司机熟络之后，马云就试探着想让这个司机帮忙牵线，争取在报纸上发文章，给中国黄页做宣传。这位司机了解情况之后告诉马云，《中国贸易报》很有希望，应该有兴趣发他们的信息。

于是在这个司机的帮助下，马云找到了《中国贸易报》的总编孙燕君，经过一番彻谈，孙燕君同意将记者江勇写的关于马云的文章《走近马云》发表在《中国贸易报》上，这也是北京的媒体第一次报道马云和中国黄页。

在北京那段日子里，孙燕君经常和马云一起在寒风凛冽的北京街头穿梭，在中央各大部委门前徘徊，后来还是搞媒体的孙燕君想了个办法，即开个发布会，搞个活动，多请一些记者朋友们来捧场，让大家帮忙多多宣传一下。马云听后很开心，他正需要这样一个向大家阐述自己想法的机会。多日之后，马云终于在北京长安俱乐部的雷吉儿餐厅举办了一次联谊活动。活动主要请的都是报界和商界的人士。

那天一大早，马云就和一群从杭州来的同事们忙活起来，大家兴致都很高，马云兴奋地将自己从杭州带来的486电脑接上线，就等着在大家面前好好展示一下互联网的魅力。活动一开始，马云的开场白很经典——“世界首富比尔·盖茨说，互联网将会改变人类生活的方方面面……”这句话究竟是不是比尔·盖茨说的呢？多年之后，马云澄清说自己当时只是觉得背靠大树好乘凉，就把自己想的话安在了比尔·盖茨身上，没有想到，这句话在多年之后真的应验了。随后马云就从互联网最基础的知识讲起，大谈互联网将来蒸蒸日上的发展前景，和中国未来互联网发展的巨大机遇。他讲得热血沸腾，台下的人听得晕晕乎乎。演讲过后，又举办了一场宴会，其实主要目的就是让马云能够和这些商界、报界有头有脸的人物进一步地了解沟通，因为马云急需一笔运营资金，而在当时的中国，企业融资是非常困难的。

然而，企业家们听后都非常困惑，他们问马云：“你说得这么好，这么好的东西，国家会让你一个民营企业来搞吗？”一句话问住了马云。的确，当时的中国，互联网事业刚刚起步，国家基础网络都还没有建设完善，有谁敢冒这个风险去投资马云那个口口声声说要做“中国的雅虎”的伟大理想呢？商界人士不感兴趣，给了马云一些打击。但是媒体朋友们的热情倒是给了他不小的宽慰，也算是终于有人愿意为中国黄页做宣传了。但是好景不长，一纸通知下发：在没有政府明文表示支持的情况下，任何媒体不得大肆宣传互联网。瞬间马云就从天上掉在了地上。

马云很头疼接下来该怎么办。有人给他出主意，说如果能够说服《人民日报》上互联网的话，就可以报道互联网了。这话很有道理，但是实行起来却不是那么简单。马云的一个朋友当时在人民日报社办公室做行政工作，于是马云联系上他，苦口婆心地跟他讲自己的美国经历，跟他讲互联网的神奇之处。有一次马云和这位朋友在办公室里聊得正起劲，突然进来一位像是领导的人，也凑上前去问个究竟。一听是在聊互联网，让马云没想到的是，此人立刻就来了兴趣，“Internet！是个好东西，我们一起探讨探讨吧。”

三个人，一壶茶，不知道谈了多久，最后那个人拍拍马云的肩膀，对他说：“小伙子，以你现在对互联网的理解，足以给人民日报处级以上的干部上几次课了。”马云听了这话，先是一愣，脑子一转，立马意识到这是一个绝佳的机会。果然，第二天那个人就给马云安排了工作，让马云给人民日报的干部上课。本来就是老师出身的马云，再加上他那极具煽动性的话语和肢体语言，每每上课，台下都会响起雷鸣般的掌声。不出一天，《人民日报》就真的上网了。而马云的团队无疑参与了整个上网的过程，从前期的构架到开发、设计、上线，大家忙得不亦乐乎。在马云和其团队大半年的努力下，《人民日报》终于进入了国际互联网的大家庭，这也成为中国开通的第一家中央重点新闻宣传网站。

随后，影响逐渐扩大，马云又结识了在中央电视台《东方时空》栏目组工作的老乡樊馨蔓。出门在外，听见乡音都倍感亲切，樊馨蔓也是一个十分仗义的人，她被马云创业的热情打动了。因此，她拍了一部名为《书生马云》的专题片，这部专题片非常生动写实地展现了马云当初在北京到处碰壁、四处推销的情景。

这部专题片播出后，并没有什么反响，但是却给马云的团队添了一员大将。《书生马云》在电视上播出时，被一个叫楼文胜的人看到了，更巧的是，这个楼文胜是比马云学龄低两级、年龄小四岁的大学校友。那个时候的楼文胜正在南方搞期货，看到电视里昔日的校友正在大谈特谈互联网，他顿时眼前一亮，随后就跑到了杭州海博网络，即中国黄页应聘。事实证明，楼文胜的确是一个人才，成为跟随马云南征北战的“十八罗汉”之一。

做了一些宣传之后，马云就想说服新闻、文化、体育等各行业的部门，让它们开放信息资源，跟中国黄页合作。但是当时的马云在北京没有什么朋友，好在有孙燕君的帮助。几次交谈之后，孙燕君已经和马云成了非常要好的朋友，因此孙燕君也是诚心诚意地为马云出谋划策。他们先来到了国家信息中心，但是吃了个闭门羹。紧接着他们又拜访了经济日报、文化部、国家体委等单位，但是结局都是乘兴而去，失望而归。

碰了一鼻子灰的马云，不得不面对并接受现实，从1995年4月到1997年11月，两年多的时间，马云尽了自己最大的努力，但是现实却无法转变，因此也就改变不了中国黄页在资本和体制的双重挤压下成为中国互联网史上第一个悲剧英雄，悄无声息地出局了。随后，互联网领域中率先吃螃蟹的几个人都纷纷倒下，这其中有女侠张树新，有“神童”王志东。这次失败，给了马云重重一击，也让他深刻理解了时代的规则，他立志卷土重来，定要干出一番大事业。

如果换做旁人，面对这么多的坎坷和失败，还会有再来一次的勇气吗？这让我们不禁想起了西楚霸王项羽，如果当时他能够忍下来，能够听人劝渡过乌江，和追随的江东父老一起重整旗鼓，历史说不定就会改写，也就不会落了个自刎乌江的悲剧下场。因此，被打倒不可怕，一定要给自己一个再一次站起来的机会。

从杭州到北京，马云来来回回好几次，风风雨雨，曾被嘲笑，也曾被误解，但是始终未能浇灭他心中对互联网的热情，他也用自己的坚持和行动，向世人证明了自己的选择是正确的。无论做什么事情，创业的路上都不可能是一帆风顺的，难免会遇到挫折，遇到挫折并不可怕，可怕的是没有战胜它的勇气。不经历摔倒，怎么能学会奔跑？做生意眼光很重要，信念很重要，如果你能看到未来的商机，又有为了这份事业坚持下去的信念，那么你也就拥有了成功的砝码，就像马云一样，不管别人怎么反对、不支持，自己首先要相信自己的选择，要有为自己的选择坚持到底的魄力和决心。

重新起航，二次创业

1997年11月的一天，是快乐的一天，马云和中国黄页的老团队集体出游，来到桐庐的红灯笼度假村。这一天，几对中国黄页的新人在度假村举办了集体婚礼，婚宴上，大家把酒言欢，祝福新人，气氛融洽。但是这一天也是悲伤的一天，因为就在婚宴上，马云端起酒杯，先干为敬，在大家的叫好声中，马云表情严肃地说："各位兄弟姐妹，经过再三考虑，我决定离开杭州，到北京去做事。"

马云的这个决定对于现场的其他人来说简直就是晴天霹雳，马云真的要离开杭州，离开大家，离开他辛辛苦苦一手创办起来的中国黄页吗？没错，这一次，马云去意已决，并且向大家宣布此次北上是受到外经贸部的邀请，为他们开发网站；而和马云一同北上的，除了他的妻子张瑛，还有六个人，一共八个人。马云说完这些之后，餐桌上陷入了沉寂。短暂的沉默之后，一个女孩儿终于忍不住放声大哭，接着大家紧绷的神经都崩溃了，泪水也如决堤般倾泻而出。离别总是伤感的，可是我们不能因为害怕离别而放弃前行。这一次，马云选择重新起航，二次创业。

这一次北京之行，距离上一次足足有两年之久了，马云自己也没有想到，当时的他正坐在"开往春天的地铁"上，迎接他的将是巨大的改变。

对于两年前在北京屡屡被拒的遭遇马云还心有余悸，可是没有想到短短两年的时间，北京就发生了巨大的改变，尤其是人们对互联网的认知，大家仿佛都看到了未来网络世界的曙光正照耀在自己的身上，因此都拿出了破釜沉舟的勇气。

马云此次来到北京，是受到了外经贸部的邀请，而说到外经贸部，就不得不提到外经贸部中国国际电子商务中心。它成立于1996年2月，可是成立之后却一直没有投入运营，原因在于没有技术人才。所以直到1997年1月，时任国务委员的吴仪在全国外经贸工作会议上宣布，中国国际电子商务中心正式运营，这才拉开了中国政府利用网络为贸易服务的新篇章。当时，外经贸部想建一个大内网，再加上一个官方政府网站。网站建立所需要的一切审批手续和资金以及设备都已经准备齐全，万事俱备，只欠东风，而这个东风便是合适的人才。于是在杭州因做中国黄页而有了名气的马云便成了外经贸部的首要人选。当时外经贸部给马云提供了优渥的条件，给中国国际电子商务中心提供200万元的启动资金，并承诺给马云30%的股份。

到了北京之后，马云立刻带领团队投入工作中去，他们的主要职责就是开发外经贸部官方网站——大内网。对于大内网，领导们的想法是在全国范围内铺设光纤，在外经贸部下属的各个分支机构分别设立接口网点，所有的网点互联起来就构成了一个大内网。而对于这个设想，马云一开始是不赞成的，但无奈最终还是服从了领导的意志。马云的团队虽然人数不多，但个个都是互联网领域的精英翘楚，经过这几年在互联网领域的摸爬滚打，做网站对他们来说已经不在话下。

大家不怕辛苦，不怕加班熬夜，保质保量地完成了领导交给的工作。但是问题在运营环节显现了出来。虽然政府的红头文件发下去了，但是业务却十分冷清。逐步走向市场化的中国企业家们，已经不再愿意凡事都为政府的红头文件买单了。其实这也不难理解，因为整个大内网就类似于今天的“电子政务”系统，功能很简单，只不过是办理企业与外贸相关的审批手续，以及向外贸企业发布相关的外贸政策法规。而这些本来就是政府应该做的事，企业为什么还要为这些付账呢？马云对这一点非常清楚明白，这也是他一开始不赞成建立大内网的原因。他当时提出要做互联网，结果被否决了。

问题出来之后，马云又继续游说领导要扩大内网，建立互联网。功夫不负有心人，外经贸部的高层领导点头同意了。1998年7月，外经贸部批准成立合资的国富通信息发展有限公司，办公地点设在崇文门的新世界饭店，由马云出任总经理一职，并拥有一定的股份。国富通成立之后，马云致力于打造一个叫“网上中国商品交易市场”的项目，这才是马云想做的，而这在当时也是非常成功的一个项目。它实现了真正的资源共享，很多中小企业纷纷踊跃上网，网站很快就实现了盈利。再加上领导的大力支持和地方部门的强力推广，网上中国商品交易市场的发展十分迅速。

马云和他的团队在北京一年多的时间，就成功地推出了网上中国商品交易市场、网上中国技术出口交易会、中国招商、网上广交会和中国外经贸等一系列网站。当然这其中最成功的还是网上中国商品交易市场，它也是中国政府第一次组织的互联网上的大型电子商务实践。1998年10月5日，纺织品配额电子招标网络化的实现，也标志着我国对外经济贸易进入到了电子商务时代。这其中的功劳当然离不开马云和他的团队。

整个在为外经贸部工作的过程，听起来还是很顺利的，但是背后马云和他的团队付出了多少努力，不是三言两语能够说完的。就说当时大家的住宿条件，八个人全部住在外经贸部东郊潘家园的集体宿舍里，前后两批一共十三个人，被分成三小群，分住在三套非常简陋的房间里。开发网站的工作很累，还要经常加班，加上马云团队的人手又少，所以刚开始时的明确分工到最后就变成了一个人干几个人的活儿。大家也都不会计较谁干得多、谁干得少，大家的目的都是一致的，因此就少了很多不必要的摩擦。当时好多刚到北京的女同事，不适应北方干燥的气候，皮肤都出现了问题。大冬天大家为了上班老早就起床跑去公交站等车，下大雪的时候甚至要走路去上班。“每天被闹钟叫醒，都有一种想死的冲动。”可见当时大家有多累多疲惫。但是即便在这么艰苦的环境下，马云和他的团队也依然保持革命乐观主义精神，偶尔去小饭馆撮一顿，大家聊聊天、唱唱歌，也能找到欢乐。

这次创业算是比较成功的，毕竟是找到了外经贸部这棵“大树”，虽苦，但也乐。而马云会就此安于此状，稳稳当当地继续在机关单位工作吗?

第三章

人生不应设限，为梦想全力以赴

“天将降大任于斯人也，必先苦其心志，劳其筋骨，饿其体肤，空乏其身……”不经历风雨，怎能见彩虹？多次的历练和失败，让马云成长，马云的目标也越来越清晰，最终一个崭新的电子商务王国即将缔造，一个伟大的商人将在商海中写下浓墨重彩的一笔。

放下一切，勇敢追求所想

外经贸部的工作干得有声有色，马云和他的团队也很受领导的重视，生活似乎就应该这样平稳安定地度过。但就在这个时候，一个消息震惊了马云，让他开始了新的思考。

1998年5月4日，大名鼎鼎的雅虎网站开通了它的第十三个非英语站点——雅虎中文网站，包括雅虎香港、雅虎台湾和雅虎中国。虽然当时并没有在内地设立办事机构，但是那个时候的雅虎就计划在中国内地开展网络广告业务。马云对于雅虎当然是有着特殊感情的，还记得他在西雅图那个小小的办公室里，他在电脑键盘上敲打出啤酒的英文单词时，他使用的搜索工具就是雅虎，也许从那个时候起就注定了马云和雅虎的一段奇缘。1998年6月，外经贸部电子商务中心下属的国富通技术发展有限公司和雅虎达成合作意向，由国富通协助雅虎公司在中国内地的业务。而马云作为国富通公司的总经理，自然就有了和雅虎中文网总裁杨致远先生见面的机会。

杨致远出生于台湾，在美国长大，对中国大陆有着深厚的感情，可是他之前从未来过。1998年一天，杨致远带着母亲和弟弟，想借这个机会在北京多转转、多看看。于是这个义务导游的工作就落在了马云的身上。多年之后的第五届“西湖论剑”上，杨致远对于当年的情景还记忆犹新，并且说那可能就是一种缘分，马云的接待让他和母亲、弟弟都倍感亲切，马云诚恳的态度也给他留下了深刻的印象。

经过和杨致远几天的交谈，马云心中又萌发出了一个惊天动地的想法，他没有急于向大家表明，因为他也知道，这条路不一定能够成功，他只是想尝试一下。1998年的冬天，北京外经贸部的办公楼里，马云突然紧急召集大家，先是非常严肃地看着大家，然后用极为平和的语调对大家说："我近来身体不大好，打算回杭州了。"马云没有说明自己的真实意图，找了个借口。而这句话一时间在大家中间炸开了锅。

大家对马云这个突如其来的决定都很困惑。马云知道大家肯定会是这个反应，接着不紧不慢地说："现在，我给你们几个选择：第一，你们可以留在部里继续干，安心待在机关做事，这里有外经贸部这棵大树，也有宿舍，在北京的收入也非常不错。第二，在互联网混了这么多年，你们也都算是有经验的人了，也可以到雅虎，那是一家特别有钱的公司，工资也很高，每月几万块的都有，我推荐，一定会录用你们的。第三，你们也可以去刚刚成立的新浪、搜狐，我都会推荐。这几条路都可以，不过我要回杭州了。"

马云这是在给大家安排后路，可是大家听后是一脸的茫然，很多人都不理解马云的决定：既然在北京有这么多好的选择，那为什么还要回杭州呢？孙彤宇当场就质问马云："我们在北京干得好好的，而且是为政府办事，干吗还要再回去过那种苦不堪言的日子呢？"正是因为给政府做事这一点，让马云一直有个心结，起初自己想做互联网，不想做大内网，就因为是政府的压力才不得已继续做下去，这种受制于人的工作马云很不喜欢。马云追求的是一种自由，一种公司内大家都可以畅所欲言的自由。在外经贸部，马云缺少知己，做得不开心，这种生活不是马云想要的。马云也知道，当时自己已经算是北京城里有名的人了，放弃在北京已经拥有的一切，回到杭州，从头再来，可能成功，也可能失败，必然还要经历一番艰难险阻。这些痛苦马云是知道的。

大家都劝马云不要离开，因为大家已经习惯了跟着马云这个主心骨做事，马云也了解这一点，所以他给了大家另一个选择——和他回杭州，再次创业。当然，他向大家说明了回去有可能面临的问题，比如每个月只有500元的工资，办公环境可能就是马云自己那150平方米的家，而且大家必须住在马云家的周边，必须随叫随到，再有最重要的一点，就是马云对于将来要做什么也不是十分清晰，但是唯一清楚的一点就是他要做全世界最大的商人网站。马云以为这么重大的决定，要给大家三天的考虑时间，可是没有想到五分钟之后，所有人都做出了一致的决定——一起回杭州——这让马云的心中充满了感激。

1998年的冬天，北京的天飘着鹅毛大雪，马云和他的队友们，应该说是战友们，在一个小饭馆里举起酒杯一饮而尽，共同唱着《真心英雄》："把握生命中的每一分钟，全力以赴我们心中的梦，不经历风雨，怎么见彩虹，没有人能够随随便便成功！"那个晚上，北京的上空回荡着他们的歌声，歌声里有坚持，有不服输的精神，有对于梦想的追求。

行动起来，梦想不再是天方夜谭

1998年底，在寒冷的冬天，马云一行人踏上了南下的列车。这样的季节，这样的天气，难免增添几分悲伤，但是马云的心中是兴奋、激动的。虽然他嘴上和大家说自己还不知道要做什么，但其实他的心中早已构想好了一幅蓝图。

从一开始，马云就感觉互联网是一个功能非常强大的工具，它能够为企业节省成本。而当时全球每年的贸易成本是4700亿美元，这么大的蛋糕，为什么我们就不能分一块呢？浙江，正是中国中小企业的海洋，这是一个多么合适的契机！

1992年的2月，新加坡政府组织了一个“亚洲电子商务大会”，马云是这次大会唯一被邀请的中国与会者。当时出席大会的百分之八十都是美国人，发表演讲的也基本上都是美国人，他们讲的内容也都是易趣、AOL、亚马逊和雅虎。轮到马云演讲时，马云向全体参会者发出了一个与众不同的声音：“美国是美国，亚洲是亚洲，我们不能照搬易趣、AOL、亚马逊和雅虎的模式，亚洲百分之八十是中小企业，亚洲一定要有自己的模式。”

当然，马云没有什么实际成果的这番话，并没有引起台下太多人的注意。马云深知所以无论站在演讲台上多么自我感觉良好，觉得自己讲的就是未来都没有用，在你自我感觉良好之前，需要你首先拥有一番成就才能让人信服。因此，马云并没有多做解释，而是暗下决心，要将这种独一无二的适合亚洲的模式做出来，让大家看看。

在马云辞职回到杭州之后，杨致远向马云抛出了橄榄枝，希望马云能够出任雅虎中国的总经理，得到的却是马云的婉拒。但是买卖不成情意在，马云和杨致远一直保持着密切友好的联系。马云就曾在一次和杨致远的谈话中问起杨致远："雅虎究竟要做什么？"杨致远说："雅虎要做一切！"马云说："从理论上说，你什么都做，往往什么都做不好。互联网的走势越来越纵向化，往横向发展比较困难。"但是杨致远却不这么看。

这次谈话之后，马云反复思量，互联网上有各种各样的东西，那么他想做商业，做贸易，做商人的网站，他认为互联网上的电子商务才是真正的趋势。而当时中国的互联网正扎堆儿地模仿雅虎、亚马逊和易趣，大搞特搞网上门户、网上书市和网上拍卖。纷乱的战场上，智者选择置身事外，冷静思考。电子商务对于当时的中国来说还为时尚早，因为银行还没准备好，配送也没准备好，而美国的三种模式都不适合中国，他要推出的是一种新式的B2B模式，这也就是后来被国内外媒体誉为和雅虎、亚马逊、易趣比肩的互联网第四种模式。

B2B这种模式并不是马云首创，而具有亚洲特色的中国式的B2B模式是马云心血的结晶。它的独特之处在哪里呢？首先，它的目标对象和雅虎、亚马逊、易趣不同，它不是围绕着大公司去做，而是奔着中小企业去的。用马云自己的话说，就是"不抓鲸鱼抓虾米"。

马云做出这个决定并不是一时头脑发热，而是经过了细致的调查之后才做出的判断。调查发现，很多中小企业商人头脑精明，生命力旺盛，非常讲究实际，他们不会管你具体使用什么战略，如何让他们赚更多的钱才是重要的。因此他们不会在意花费一些小钱来为赚大钱做铺垫。电子商务对于中小企业来说门槛并不高，而且阿里巴巴提供的服务还是免费的，因此吸引了一大批中小企业。当时中国的网上交易、结算和网下配送都还不是很成熟，所以马云没有触碰这些，而只是让阿里巴巴作为一个开放的网络平台，让客户在网上交流信息、网下进行交易。未来的电子商务将会发展成什么样，当时的马云也不知道，但他非常明确这是未来发展的大趋势，而他要做的就是一点点地去发掘，一点点地去开拓。

阿里巴巴这个名字的由来，也颇有故事。为了给新公司起一个全球化的名字，马云和他的伙伴们绞尽了脑汁，想了一大堆，都觉得不合适。最后马云突然蹦出一个“alibaba”，可是上网一查，这个名字已经被加拿大一家公司注册了。失落的马云只好继续在网上寻找，但是始终都没有找到合适的。大家还是觉得“阿里巴巴”这个名字很合适，因为它很大众化，无论是西方人还是东方人，对于《天方夜谭》里的《阿里巴巴和四十大盗》的故事都很熟悉，而且一提起阿里巴巴，大家往往想到的就是财富。

为了争取到这个域名，马云联系上加拿大那家公司，和他们周旋了好久，最后对方开出了3000美元的高价，马云觉得太贵了。雅虎的吴炯提醒马云，这太便宜了，要办国际化的大公司，就不要在乎这点钱，赶快买，省得对方抬价。马云听后，赶紧付账，买断了“阿里巴巴”的域名。

这次创办阿里巴巴，所需要的资金显然要多得多，集资便又成了一大问题。回到杭州后，马云将房子简单装修了一下，添了几件家具，简陋之余也不失大方。关键设备电脑是必买的，负责财务的谢世煌，兜里揣着大家凑的两万多元钱，都不敢在电脑市场交现钱，非要把对方带到宾馆交易才买了两台，恐怕被骗，让大家的钱打了水漂。随后，团队的精英主创们一个个回巢，周越红从北京回来，孙彤宇也在1999年1月回到杭州，留在北京善后的谢世煌最后一个回到杭州，人员大概都到齐了。当时媒体上经常报道杨致远、孙正义等人靠网络发了家的新闻，新浪、搜狐、网易也都势头强劲，这既给了大家无穷的动力，也给了大家不小的压力。

这一天，马云将大家召集在一起，说：“我们开始创业了，请大家把自己口袋里的钱放在桌子上。但是咱们有一个原则，第一不能向父母借钱，不能动老人的退休本钱；第二不能向亲友借，影响人家生活一辈子。我们愿赌服输，输了，钱都是自己的，如果不成功，大不了重新来过！”说完，马云就带头将自己的全部积蓄放在了桌子上。马云的一番豪言壮志，激起了大家的斗志，大家纷纷拿出自己的积蓄，最后足足凑了五十万元钱！其实当时大家在北京的工资也都不算低，但北京的消费也比较高，这些钱都是靠大家省吃俭用、不追求高消费攒下的。一万两万不显多，但是人多力量大，团结就是力量。

这次集资的意义也很深远，它决定了阿里巴巴是一家合伙人的股份制公司，当时好多公司都是个人当老板，自己控股，而阿里巴巴的这种形式，股权掌握在员工手里，这是一种可持续发展的概念。人会走，但公司不会垮，正是这个理念、这种制度，保证了阿里巴巴持续长远的发展。

五十万元，代表着大家的决心和团结；五十万元，这个起步，铸就了未来阿里巴巴的辉煌。

想创业就不要怕有风险

现在的大多数公司，基本都是股份制，而作为公司的老总，想要绝对地掌控整个公司，就只有通过绝对控股的方式。而马云却是反其道行之，他慷慨地把股份分给了18个创始人，不靠控股来掌控企业。这不是一般人能做到的，也不是一般人拥有的远见。

当时大家凑了五十万元创办了阿里巴巴公司，如果马云想自己控股当大老板，也是轻而易举的事情。但是马云最终没有这么做，经过这么多年，和团队风风雨雨、同舟共济，大家都愿意抛弃北京优越的条件，一心一意地跟着他回到杭州重新创业，这份忠诚和信任让马云觉得不能对不起大家。而阿里巴巴公司价值的根源便在于团队、友情。

那马云是靠什么来掌控企业的呢？他又是如何让企业员工死心塌地地为自己工作的呢？这就是马云的魅力。

阿里巴巴刚创建的时候，对于公司采用何种发展模式，内部其实是存在着很大的分歧的。1999年2月11日，阿里巴巴的第一次员工大会上，与会者只有13人，还有两个人是通过电话的方式来参与其中。马云在会上做出了重要的讲话，他提出了自己的想法，他说阿里巴巴要建立的网站模式，不是新浪、搜狐那样的门户网站，也不是B2C，而是做面对中小企业的B2B。这一想法一经提出，就在会议上引来了巨大的争议。

在当时的中国互联网市场上，像雅虎、亚马逊和易趣这三种模式都可以找到，因为大家都看到了雅虎、亚马逊和易趣的成功。但是马云不认为重复别人的成功之路就代表着自己也会成功。马云不止一次地说："在网络经济时代，有时一个错误的决定要比没有决定更好。在做决定的过程中，如果一个决定出来后有90%的人说好，那么你就要把这个决定扔到垃圾箱里去，因为那不是你的，别人都可以做得比你好，你凭什么？"马云的这种逆向思维，在当时很不被大家理解，因此在当天的会议上就遭到了质疑。

阿里巴巴创始人之一的金建杭回忆那次会议说，当时的争议非常大，在当时的中国做互联网，阿里巴巴是最独特的，没有复制任何一个模式。可是当时的许多企业都是在模仿美国的模式，并且做得也都不错。阿里巴巴决定抛弃这些固有的成功模式，自己开辟出一条道，这就意味着要创新，而创新往往有很大的风险。第一次的员工大会，气氛很凝重，同时大家还有一种失落感，因为究竟是模仿复制，还是自我创新，大家陷入了迷茫。这种时刻，其实就需要一个人能够斩钉截铁地告诉大家该走哪条路，而这个人就是马云。

非常时刻，马云的演讲说服能力凸显出来，他激动地对大家说："就是往前冲，一直往前冲！我说团队精神非常重要。往前冲的时候，失败了还有这个团队，还有一拨人互相支撑着，你有什么可恐惧的？今天，要你一个人出去闯，你是有点慌。你这个年龄现在在杭州找份工作，一个月三四千元钱你拿得到，但你就不会有今天这种干劲，这种闯劲。三五年后，你还会再找新工作。我觉得，黑暗中大家一起摸索，一起喊叫着往前冲，就什么都不慌了。十几个人手里拿着大刀，向前冲，有什么好慌的，对不对？"马云此番慷慨淋漓的话语说完之后，大家的精神都为之一振。接下来马云为了给大家往前冲的动力，就向大家阐述了自己计划的未来。

马云告诉大家，在未来的三五年内，阿里巴巴一旦成功上市，公司的每一个股东都有得到回报的机会，因为大家拥有阿里巴巴的股份。那个时候，大家收获的就不仅仅是一套这样的房子，而是三十套这样的房子。说到房子，当时大家内心都十分渴望拥有一套属于自己的房子，当大家来到湖畔花园时，看到小区的售楼横幅上写着“每平方米2800元”，买下这样一套房子所需的费用大概是二三十万元，而当时他们集资创建公司也不过是每人只能拿出一万、两万元。买房子对大家来说简直就是一个奢侈的梦。而马云就是一个擅长造梦的人。马云给大家信心，告诉大家只要心往一处想，劲儿往一处使，房子会有的，车子也会有的，阿里巴巴就是要做与众不同的互联网公司。马云凭借个人所散发的独特魅力，用这种理念引领着公司向前进。

今天我们看马云当时说的话，觉得并不稀奇，因为今天的阿里巴巴已经成为一家上市公司，公司市值超过几百亿美元，公司的元老们不要买湖畔公园的一套房子了，就算是买下一个单元也是绰绰有余的。马云的确是兜售未来与希望的高手，但他不是空想家，他是用豪情壮志点燃伙伴们的激情，然后使大家将激情转化为行动，最终实现大目标。

马云没有一般老总的架子，他很愿意和员工打成一片，有时就算是和大家争得脸红脖子粗，他也不会生气，有意见就是要当面提出来，要么打一场，要么闹一场，总之要把问题解决了。如果大家都把意见憋在心里，时间长了，就会造成公司内部的嫌隙，工作效率就会大大降低。马云的管理方式得到了大家的拥护，因此大家也都愿意为此付出，工作时都非常用心。

淘宝网一鸣惊人

阿里巴巴创建之后，事业慢慢地步入正轨，业务量也与日俱增，公司的发展呈现一片良好形势，并且还得到了来自孙正义高达千万美元的风险投资，这可谓阿里巴巴做大做强的强大支撑。但是到了2003年“非典”时期，他们遇到了前所未有的麻烦。

那段时期，全国上下都笼罩在“非典”的恐怖阴云中，大家尽量少外出，学校停课，大家的消费热情也一下子减弱。更让马云头疼着急的是，当时在阿里巴巴公司发现了“非典”病例，发现之后，阿里巴巴的办公场所被隔离了12天，在这12天里，大家只好在家办公。

“非典”的突如其来，给大家带来了一些麻烦，但是每天的交易却没有受到丝毫的影响，大家即便是在家办公，工作也依然在有条不紊地进行。在每天固定的时间，大家都会准时打开电脑开始工作，通过互联网互相交流讨论。中午该休息的时候大家就去休息吃饭，下午1点多又准时开始上班，就和在公司里一样。

虽然大家的办公激情和自制力都还保持着，但是当时中国的大环境还是非常严峻的。

不过让马云感到欣慰的是，在如此艰难的环境下，阿里巴巴的员工还是秉承了阿里巴巴的精神和价值观，最终扛了过来。但是也有让马云伤感的事情，那就是自己的员工感染上了“非典”，为此他感到非常自责。他甚至还给全体员工写过一封道歉信，为自己未能保证同事兄弟姐妹的健康而感到深深地自责，说自己会负责到底。马云的态度给了大家坚持下去的信心，非常时期见真情，经历过这次劫难，大家的感情更加深厚了。

当时的确有很多的企业因为“非典”而业绩一落千丈，甚至有的公司干脆关门大吉。但是并不是所有的企业都会因为“非典”而衰落，阿里巴巴就独辟蹊径，在此期间，做出了更出色的事业。

就在阿里巴巴几乎所有的员工都被隔离的时候，还有一批人在没日没夜地工作，包括阿里巴巴投资部总经理孙彤宇，和2003年新加入阿里巴巴的王帅等人。这些人在忙什么呢？这些人为什么没有被隔离呢？原来早在大家被隔离之前，马云就安排这批人进入湖畔花园的房子，秘密地进行着一项伟大的创造。阿里巴巴当时有了一份新合同，而这份合同如果做成，阿里巴巴就有可能从杭州离开，去往别的城市。

这是一份怎样的合同呢？原来是一项听起来几乎不可能完成的任务——创建一家和易趣抗衡的C2C网站，而马云拥有的启动资金仅仅是200美元。这听起来简直就是天方夜谭。易趣是全球知名的C2C企业，当时阿里巴巴做的B2B和易趣很像，所以阿里巴巴切入易趣的C2C领域，可能会有长远的发展。马云和他的团队决定做淘宝网。

当时的中国C2C市场还没有被开发，而易趣则看上了中国的这块大蛋糕，只是苦于没有渠道。当时除了马云想到要做中国的C2C，早在1999年，在哈佛大学读过本科的邵亦波就曾创立了个人拍卖网站，当时发展得很不错，月平均交易额超过1000万元人民币。易趣当时看中了邵亦波，想要与其合作，杀入中国市场。

而淘宝网是在2003年才开始筹备建立的，时间上已经落后于邵亦波。面对已经成立了四年的邵亦波的公司，并且他们已经和易趣合作，淘宝网如何加入成了头等大事。生于危难之际的淘宝网，发布仪式非常寒酸，没有鲜花、镁光灯，也没有什么人参加，略显寂寥的大厅里，马云高举酒杯，心里默念保佑淘宝网一路顺风。

2003年5月10日，淘宝网正式上线，可是刚诞生的淘宝网上没有产品可卖，最后还是员工们翻箱倒柜地找出了30件东西，放到淘宝上，你买我卖，制造人气。过了一个月，淘宝网终于引起了一点关注，但这并不是马云想要的。而当时阿里巴巴的员工还不知道自己的老板秘密创办了一个淘宝网，当他们发现淘宝网时，还向马云反映市场上出现了一个叫淘宝的竞争对手，模式和阿里巴巴很像。后来马云实在坚持不住了，就向大家和盘托出，说淘宝网是阿里巴巴新创办的。后来淘宝网开始走免费路线，人气有所增长。可是竞争对手eBay的实力太强大，淘宝网想要与其抗争，还有很艰难的路要走。时任淘宝网执行总裁的孙彤宇可谓压力巨大。当时他的创意，其中有一个极大地调动了淘宝人的兴趣，那就是让每一个淘宝人都注册一个金庸武侠小说的ID，有的人取名“财叔”，马云则取名“风清扬”，大家之间互相起花名，这种虚拟世界的感觉，让大家在现实中反而更亲近了。

淘宝网早期没有太多的资金，所以就不能像eBay那样在新浪、搜狐、网易等大型的门户网站投放非常昂贵的弹出式广告，并且它们还签订了排他性协议，淘宝网根本就无法再在上面做广告。因此，淘宝网必须采取一些更灵活的方法和手段。之后淘宝网便开始在个人网站和地铁、公交汽车上做广告，以立体的方式进行突破，并且成功地获得了一些注意力。

淘宝网的创立，在当时看来有点初生牛犊不怕虎的冲劲儿，面对如此强大的对手也坚持拼搏不倒下。而事实证明马云是对的，今天的淘宝网成功地打败了eBay，成了中国最大的电子商务平台。这都是坚持的结果。

支付宝，电子商务里程碑

2003年，马云和他的团队正式推出具有国内领先水平的独立的第三方支付平台——支付宝。支付宝一经推出，马云就提出了“你敢用，我就敢赔”的口号，推出了全额赔付的制度。淘宝网的担保交易模式为买卖双方提供了安全保障，给了买方和卖方一颗定心丸。支付宝秉承着“简单、安全、快捷”的服务理念，解决在线支付问题。这在当时打败了易趣。

支付宝的诞生，对电子商务来说可以说是一个里程碑。之所以这么说，是因为支付宝让用户放心支付的安全环境，这使淘宝网的交易量迅速增加。而且，支付宝不单单是作为淘宝网和阿里巴巴的支付工具，还涵盖了虚拟游戏、数码通信、商业服务以及机票预订等生活的方方面面。此外，支付宝还为很多行业都制定了个性化的在线支付清算解决方案。

其实在网络世界里买东西，人们最担心的就是钱付了但是货没有到，或者是货到了但是质量不如预期。马云推出的支付宝，正是解决了这个问题。买卖双方在确定了交易之后，买方会将钱通过支付宝付款，而这个钱并不会直接就打给卖方，只有当买方收到货、确定货物质量过关后，在网上确认付款，这个钱才会由支付宝这个“中间人”转到卖方的账户中。这样就能够保证买卖双方的交易公平合理，也是双方信任搭建的重要方式。在2006年中国IT用户满意度调查中，支付宝被评为“用户最信赖互联网支付平台”和“互联网支付平台服务满意度第一”，这些殊荣的获得，都证明了用户对支付宝的肯定与信任。

2003年10月18日，淘宝网首次推出支付服务；2004年12月8日，浙江支付宝网络科技有限公司成立，致力于为用户提供“简单、安全、快捷”的支付解决方案，支付宝一直在有方向、有计划地向前发展。“全额赔付”，“你敢用，我敢赔”的承诺，一经提出，就给人强大的鼓舞，并且收获了大量的用户好评。2008年2月27日，支付宝发布移动电子商务战略，推出手机支付业务。从此，支付宝的使用更加方便，人们不必带着电脑满世界跑，只需一部手机，水电费、手机费、转账服务通通都可以通过支付宝来实现。手机客户端的发展速度是十分快速的，支付宝手机客户端的推出可谓是审时度势，符合社会发展的潮流。2010年12月23日，支付宝与中国银行合作，首次推出信用卡快捷支付；2011年5月26日，支付宝获得了央行颁发的国内第一张《支付业务许可证》；截至2013年11月13日，支付宝手机支付用户数超过1亿，“支付宝钱包”用户数达1亿，“支付宝钱包”正式宣布成为独立品牌。

之后，越来越多的机会找上门来。2013年的时候，12306网站支持支付宝购买火车票，支付宝的应用范围更加广泛，人们的生活也因此变得更加方便。2013年，支付宝的单日交易笔数的峰值就达到了1.88亿笔，其中，移动支付单日交易笔数峰值达到4518万笔，移动支付单日交易额峰值达到113亿元人民币。来自艾瑞咨询的数据显示，自2013年第一个季度以来，支付宝在移动互联网支付市场份额从67.6%逐步提升到78.4%，这是支付宝突飞猛进的发展。

2013年的时候，一份账单肯定引起了大众的注意，这份账单是支付宝公布的，即“2012全民年度对账单”，这份账单覆盖了全国所有省（区、市）将近8亿用户的对账单，这也算是对人们网上消费、网上生活的一次年度总结。这可算是网络经济发展最直接的晴雨表和观星台。同年5月份，支付宝公关总监陈亮在新浪微博上贴出自己十年内的支付宝账单——57万元！并引发网友晒账单的热潮。网购的人数越来越多，截至2012年，中国网络购物用户数达2.42亿，网络购物使用率提升至42.9%。这是一个电子商务发展的大时代，人们的生活节奏越来越快，人们更加习惯在家购物，动动手指轻轻一划，就会有满意的货物送上门来，而支付宝正是最大限度地解决人们的付款难题。

由于中国人口数量巨大，网购人数的与日俱增，使得支付宝成为全球最大的移动支付平台，规模甚至超过硅谷总和，成为全球移动支付的领军企业。做大坐稳后的支付宝并没有安于现状，而是继续致力于技术创新，陆续开发的支付技术包括NFC、条码支付、声波支付、二维码支付、蓝牙支付、指纹支付等，技术储备在全球支付企业中最为丰富。尤其是支付宝首创的条码支付和声波支付，因其便捷的操作方法和低廉的系统搭建成本，迅速打开了便利店、商场超市、电影院的市场，并且广受好评。

支付宝作为一种支付工具，一种支付手段，最被大众关心的问题莫过于安全，而支付宝也一直在不断地完善自己，提高自己的安全系数。在支付宝的每九个员工中，就有一个从事安全风投，有将近五分之一的服务器用于安全防护。这么大比重的对于安全的投入，在许多国际金融、支付机构眼里都是难以想象的。

现在，越来越多的人使用支付宝，支付宝已经变成了人们生活中不可或缺的工具，今天的支付宝，甚至已经和欧美、日本、澳大利亚等全球多个国家和地区的300多家公司达成了合作，为国内消费者海外购物提供支付支持。这也是支付宝走向全球化的重要一步，马云在一次股东大会上曾说过，支付宝必须全球化，而且一定要全球化，如果没有支付宝全球化，那么在全球电子布局过程中就没有多大的意义了。支付宝的使用者越多，并不是马云获得的钱就越多，它只不过是买方与卖方金钱的中转站，重要的是，马云通过支付宝获得了资源，拥有了客户对淘宝网的信任，有了用户的信任与支持，便可以影响世界。

淘宝大战易趣

企业的发展，很需要竞争对手，因为市场经济下，竞争是在所难免的，只有敢于面对竞争对手并且积极应战的人和企业，才能在市场大潮中存活下来，走得更远。

一直以来，易趣都是淘宝网的最大竞争对手，它们之间也展开过多个回合的竞赛。改革开放之后，许多外国企业开始进入中国市场，作为一个中国人，马云有着深深的爱国情怀，他不希望本来就已经起步很晚的中国互联网还要被外来的企业指手画脚，失去主导权，因此马云带领着自己的团队，默默地做着自己应该做的事情。

易趣是最早把美国的C2C在线销售概念引到中国的公司，并创立了易趣网。之后，eBay又收购了易趣，改名为eBay.cn，成为当时中国电子商务市场的龙头老大，大约占有全国网购市场的三分之二。

马云是一个遇强则强、越挫越勇的人，他坚信自己能够做出影响世界的电子商务网站，他也看到了eBay的一些问题所在。首先就是eBay的收费制度，因此，淘宝网应对易趣的重要武器之一就是免费。淘宝网从一开始建立就向广大商家宣布，两年内费用全免，2005年又宣布继续免费三年。而淘宝网的免费是彻底的免费，既不收开店费，也不收交易费。这给淘宝网带来了极高的人气，用户量陡增。而易趣面对这种局面也只好宣布开店免费，但是他的免费政策不是很彻底，交易费还是会收，这在一定程度上就给它的形象扣了分。

eBay收购易趣之后，大举进军中国市场。马云看到危机慢慢靠近，信奉“进攻就是最好的防守”的马云，决定以攻为守，做大淘宝网。而做大的重要前提便是资金问题。这一次是阿里巴巴的第四次融资，而融资是为了淘宝网的发展。为了这次融资，马云亲自飞往日本找孙正义，两人一见如故，并且在进军C2C这个想法上达成了惊人的一致看法。于是，此次融资成功，淘宝网发展有了资金支撑。而易趣当时对淘宝的态度是不屑的，他们的CEO惠特曼甚至说淘宝网最多只能存活18个月。而之后淘宝网业务的疯狂增长让易趣坐立难安了，于是他们开始封杀淘宝。后来易趣发现这种做法受到了大家的讨伐，于是便和新浪、搜狐、网易等门户网站签订广告合同时，特别注明，如果这些网站与淘宝等同类拍卖网站发生宣传方面的任何合作，该网站就要支付给易趣高额的赔偿金。易趣的这一招果然奏效，无奈的淘宝网只好另辟蹊径，选择在个人网站上投放广告。

面对易趣步步相逼的节奏，在2004年，淘宝网也终于出了狠招。这一年，冯小刚的贺岁大片《天下无贼》取得上亿票房，引发大众热议，而淘宝网在《天下无贼》中植入了广告。这个广告可谓做得非常成功，淘宝网一下子名气大振，紧接着又大量在电视台做广告。易趣见此法有效，便也模仿淘宝网，选择在中央电视台的几个频道，在春节联欢晚会的黄金时段，花了200多万元的广告费做了五秒钟的广告。那个时候，淘宝网和易趣在竞争中一共花费了多少钱呢？易趣花了22.4亿元人民币，淘宝网花了14.5亿元人民币，论投资回报率的话，淘宝网显然领先一分。再加上淘宝网的实实在在的免费政策，使得淘宝网一下子就抢占了一大块市场份额，并且淘宝网在当年的第三季度累计注册用户超过1000万，成交额也超过23亿元人民币，占据了超过60%的市场份额，淘宝网俨然已经超越了易趣。为了抵抗淘宝网的强大攻势，曾经一直坚持不免费的易趣终于挺不住了，也宣布开店免费，并且降低中国市场的交易费用。双方的竞争还在继续，并且愈演愈烈，开始了产业链的全面竞争。

2003年10月，淘宝网率先推出“支付宝”，紧接着的2004年10月，易趣就推出了“安付通”，2005年其“贝宝”进入中国市场。淘宝网推出“淘宝旺旺”，2007年，易趣收购Skype。2005年，淘宝开始做搜索，易趣则开始和百度合作，涉足搜索领域。双方你追我赶，你来我往，战况十分激烈。本来外界以为这会是一场持久战，短时间内肯定分不出胜负，但是万万没有想到，四年的时间，便胜负已出。2006年9月21日，吴世雄辞去eBay易趣首席执行官的职务。12月20日，惠特曼宣布eBay中国和TOM在线合资。四年的时间，淘宝网成功地将易趣从中国市场赶了出去，马云大获全胜。

其实淘宝网和易趣之间竞争的关键点就在于用户，买家和卖家决定着它们的生存与否。淘宝网实行的彻底免费政策，就是一个长期的战略决策，目的便在于培养客户、了解客户，形成真正的市场机制。初出茅庐的淘宝网之所以能够打败老牌大哥易趣，最重要的一点是淘宝网了解中国客户，知道中国客户最需要的是什么，因此免费政策非常得人心。在中国电子商务市场的培育前期，大多数在网络上做生意的都是个人的小买卖，让他们付费，会让本来就不知道未来是否能赚钱的小老板们很难接受，因此免费模式无疑是最大的诱惑。

“雅巴联姻”，借力前进

在市场经济时代，企业之间的合作、并购非常平常，尤其是当企业要做大做强的时候，并购是一个让企业更远发展的重要手段之一。当马云和他的阿里巴巴发展到2005年的时候，一个机会到来了。

2005年8月11日，马云向全世界宣布：阿里巴巴收购“雅虎中国”全部资产，同时得到雅虎十亿美元投资，阿里巴巴还获得雅虎品牌在中国的无限期使用权，以及雅虎全球技术的无限制免费使用权。这在当时是互联网最大的一起并购案，也被业界称为互联网行业的“世纪联姻”。而这桩不仅中国罕见，就算在全世界都不多见的“强强联合”，究竟是怎么实现的呢？

首先，来看一下这两家公司的实力。阿里巴巴，当时已经算得上是全球企业电子商务的著名品牌，也是全球最大的商务交流社区和网上交易市场。阿里巴巴，总部设在香港，在杭州也成立了总部，并且在海外设立了美国硅谷、英国伦敦等分支机构和合资企业。2003年5月10日，阿里巴巴投资1亿元人民币推出了个人网上交易平台淘宝网，致力于打造全球最大的个人交易网站。2004年的时候，在成功打开B2B市场后，又追加3.5亿元人民币，开始进军C2C市场。2003年10月，阿里巴巴建立了独立的第三方支付平台——支付宝，进军电子支付领域，致力于为网络交易用户提供优质的安全支付服务。阿里巴巴的创业之路还两次被哈佛大学商学院选为MBA

案例，并在美国学术界掀起研究热潮，被美国权威财经杂志《福布斯》选为全球最佳B2B站点之一，也多次被相关机构评选为全球最受欢迎的B2B网站、中国商务类优秀网站、中国百家优秀网站、中国最佳贸易网，被誉为和雅虎、亚马逊、易趣、AOL相比肩的五大互联网商务流派代表之一。的确，经过几年的发展，阿里巴巴的实力逐渐强大。而雅虎又是一家什么样的企业呢？

雅虎，成立于1995年，总部设在美国加州，在欧洲、亚太区、拉丁美洲、加拿大等均设有办事处。并且当时还是全球第一门户网站，集互联网通讯、商贸及媒体于一身，在全球共有25个网站，13种语言版本，每个月为全球超过2.5亿用户提供多元化的网上服务。1999年的时候，雅虎开通了雅虎中国网站，这也是雅虎在全球的第20个网站。雅虎进入中国之后，首先是在2003年的时候，以1.2亿美元的价格收购了提供中文上网服务的3721公司，本土化的策略让雅虎一路领先谷歌。雅虎也一直致力于通过和中国优秀的企业合作，强化自己的内容和服务，不断地提升自己在中国的份额。雅虎还在多个领域内为客户提供了丰富又高质量的产品和服务，包括雅虎中国门户网站、搜索门户“一搜”、网络实名服务、媒介与广告销售、无线业务和移动应用，还有强大的雅虎通讯产品平台——雅虎电子邮箱和即时通讯工具“雅虎通”。看上去，雅虎的实力也不容小觑，两大实力强大的公司，为什么就是阿里巴巴收购了雅虎呢？

阿里巴巴收购雅虎中国，最重要的原因便在于阿里巴巴的业务结构升级，需要雅虎中国的技术。因为单靠阿里巴巴自己的搜索，想做成中国本土搜索第一、电子商务第一还是有很长的一段距离的。而雅虎中国恰恰就是一家综合门户网站，在内容、邮件、搜索等方面都排在前列。雅虎的搜索技术和搜索市场，正好可以为阿里巴巴带来丰富的产品，比如搜索技术、门户网站、即时通讯软件。有了雅虎中国的搜索技术和平台支持，还有强大的产品研发保障，阿里巴巴的电子商务内涵便可以得到进一步的丰富和提高。此外，阿里巴巴的继续发展，需要巨大的资金支持，从1999年开始，阿里巴巴就从高盛那里获得了500万美元的风险投资。2000年的时候，阿里巴巴从软银及其他公司那里筹集2500万美元。2004年，为发展淘宝网，阿里巴巴再次从软银及其他公司那里募集8200万美元。到2005年的时候，马云和他的阿里巴巴又再一次面临融资问题。阿里巴巴并购雅虎中国，将会为其自身带来几亿元人民币的资金，这无疑对阿里巴巴开拓亚洲甚至全球市场有巨大的帮助。最后再加上市场竞争的日益激烈，阿里巴巴也要谋求海外市场的发展需要。

对于雅虎来说，它在欧洲、日本都获得了巨大的成功，但是到了中国之后，雅虎却遭遇了一连串的中国式难题。首先，作为一家外国公司，雅虎当时没有获得互联网内容牌照。另外，由于当时中国宽带的限制，使得中国的上网速度非常慢，要登录雅虎远在美国的服务器非常困难。本地化是雅虎打入中国的关键所在。此外，雅虎也急需扩大市场份额。在中国大陆，即时通讯是QQ和MSN的天下，无限增值业务被TOM、新浪和QQ瓜分，广告被新浪、搜狐和网易占领地盘，在线游戏则是盛大、网易和第九城市说了算，雅虎在中国苦苦耕耘，只能在搜索业务中占有一席之地，并且还面临着百度和谷歌两大竞争对手。所以雅虎也急于在中国找到合作对象，急于找到能够引领中国互联网的领军型团队，而这些正是阿里巴巴公司所具备的。

两者互有需求，合作是必然的事情。为安排和雅虎的交易，阿里巴巴把所有发行在外的、已经发行未执行的期权与权证和为员工持股计划预留的股票都按一定比例转换为新普通股。交易结束后，阿里巴巴注册资本为七亿新普通股，经过转股，所有的股票统一为普通股，每股定价6.4974美元，而所有新发行的股票则全部由雅虎买下。终于，美国东部时间2005年8月10日，雅虎宣布同阿里巴巴签署了股份收购和换股协议，双方建立战略联盟关系。雅虎拥有阿里巴巴40%的流通股，阿里巴巴则100%拥有淘宝网。北京时间2005年8月11日，阿里巴巴和雅虎同时宣布，阿里巴巴收购雅虎中国全部资产，同时得到雅虎十亿美元的投资，双方共同致力于打造中国最强大的互联网搜索平台，这也成为中国互联网史上最大的一起并购案。

这次并购案对阿里巴巴有多大的意义呢？对马云又有多大的帮助呢？

首先，马云借此获得了阿里巴巴的控制权，成功避免了阿里巴巴被卖给易趣的风险。当时的阿里巴巴很缺资金，淘宝免费，支付宝还看不到希望，易趣带来的竞争压力又那么大，所以并购雅虎中国之后带来的十亿美元的资金可谓是阿里巴巴的一大救星。雅虎获得阿里巴巴40%的股份，并且除了软银以外的投资者都陆续退出，这也让阿里巴巴的股东结构比较精简，马云借此次机会掌握了对阿里巴巴的绝对话语权。此外，并购雅虎中国之后，雅虎中国的大批优秀人才涌入阿里巴巴，为阿里巴巴的发展提供了人才储备力量。由于雅虎在国际上的巨大声誉，所以这也给阿里巴巴在国际上的影响力带来了极大的帮助。

在创业路上，马云一直都非常清楚自己的选择，在每一个节点，都会适时地做出正确的选择，这就是一个成熟的人应该有的品质。人们常常说自己生不逢时，或者怀才不遇，但是如果你不懂得如何寻找机遇、把握机遇，那么即便你再有才华也无济于事，最终也只能碌碌无为。在你创业的过程中，都会存在一个个重要的节点，选择对了，可能就是起死回生、再创辉煌的节点，选择错了，那就是走向失败的拐点。看清市场需求，明确自身发展，寻找机遇，果断出击，你也会收获和马云同样的成功。

中篇

激荡风云史

- 开拓阿里版图，探索新的世界
- 用电子商务创造新的商业世界
- 做品牌，构建阿里百年辉煌

第四章

开拓阿里版图，探索新的世界

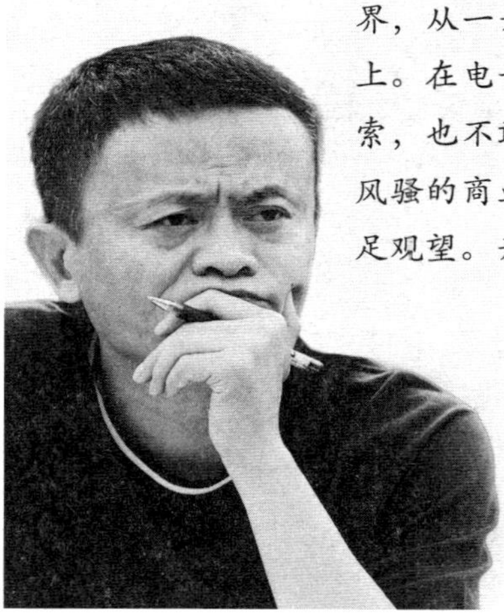

商业版图从来没有穷尽，创业之路也无法找到边界，从一开始马云就走在了一条永不停息的奋进之路上。在电子商务领域获得成功之后，马云没有停止思索，也不敢停下前进的脚步，于是我们看到这位引领风骚的商业大佬频频出手，举手投足之间引得世人驻足观望。开拓阿里版图，马云的步伐没有穷尽。

做电子商务生态链，嫁接传统销售

2007年11月1日，阿里巴巴董事长马云与思科董事会主席兼CEO钱伯斯会面，二人友好握手。

四五年前，有很多人对马云的商业模式提出质疑，批评他说看不懂阿里巴巴的商业模式，不清楚阿里巴巴是怎么挣钱的。每次谈到这些，马云都无限唏嘘感慨，承认那时候真的是无法清楚地回答别人的质疑。但是他曾经用思科的成功来试图说明阿里巴巴，那时候思科一度成为世界市值最高的公司，马云也曾经问过自己，思科是怎么赚钱的？为什么路由器可以卖这么贵？他百思不得其解。后来成功后的马云得出一个不算是结论的结论：看不懂的模式往往是最好的模式。他曾坦言："很多人搞不懂我们怎么赚钱，我搞不懂思科怎么赚钱，思科在我心中永远是一个谜，我到现在也没有看懂路由器到底是什么。"虽然自己不懂，别人也不懂，但是成功是事实，而且曾经不懂的事情，随着时间的推移，一切都会渐渐地清楚，因为人会逐渐明白自己想要什么。

其实，白居易在《琵琶行》里已经有了很好的回答，即"此时无声胜有声"。如果一个公司或者企业在一开始就已经有了固定的模式，那么对于自己本身的发展会成为一种制约。

马云在第四届网商大会上宣称："阿里巴巴的目标就是转变为一个综合交易平台，凡是中小企业需要的，我们都会设法满足。我们最终设想阿里巴巴要做到一个‘生态系统’的概念——从金融、技术、物流、信息资源等各方面为网商提供完整的交易环境，而非做到简单的供应链概念。”

而此次IPO（初次公开发行股票），阿里巴巴引入了八名基础投资者（美国雅虎、AIG、九龙仓主席吴光正、“糖王”郭鹤年、新地郭氏家族、工银亚洲、台湾鸿海集团郭台铭、思科集团），其中有多家为传统行业巨头。这预示着，阿里巴巴今后将在更多领域与传统行业展开深入合作，共同打造电子商务产业链。

不得不说，马云的眼光是长远的，未来电子商务的成功者绝对不是单纯的传统企业，或者纯粹的网络公司，必定是能将两者完美结合的企业，就好像将现实与虚拟完美结合，让人足不出户就能享受生活。

阿里巴巴首席技术官吴炯坦言，当时，在国内市场上，Google、百度、雅虎中国在搜索引擎关键技术上的水平已相差无几。雅虎中国正在实行“多米诺计划”，争取在智能化、用户界面上有所突破。他解释说，“智能化”就是一步到位。比如，查列车时刻，搜索引擎能直接搜出来，不用再去相关网页查询。

随着互联网发展的日新月异，一个企业在发展的过程中，必须分析市场行情，并且越细致越好，也就是说，在发展自身的同时，应尝试与互联网接轨，用互联网代替一部分业务，因为随着时代的发展，互联网已经成为人们生活中必不可少的一部分，只有与互联网接轨，才能更好地满足客户的需求，以及不断挖掘新的需求。

沃尔玛的成功，曾一度让海尔集团CEO张瑞敏痛并快乐着，但是却给了马云改变世界的启发，虽然马云曾经认为沃尔玛是自己最大的竞争对手，因为阿里巴巴干的事情与沃尔玛有相似之处。

沃尔玛的成功，最主要原因是其严格控制了供应链每一环节的成本。麦肯锡全球管理咨询公司认为沃尔玛也和一些贸易型公司交易，但更多的是和生产厂家直接交易。沃尔玛选择全部自己去做，采购成本、管理成本、交易成本其实都非常高，但是传统供应链的低效率和多级加价支撑了沃尔玛的利润空间。沃尔玛的成功不仅仅是依靠严格控制供应链，还包括借终端力量对上游供应商利润的获取。在借鉴了沃尔玛和海尔的经验、教训的基础上，马云提出了自己的想法：沃尔玛的采购与销售链条其实完全可以放在网上，阿里巴巴涉足产业链恰恰是要提高传统供应链的效率，还利润于原始厂商，降低沃尔玛等的压榨。

在中国，B2B、B2C、C2C三种形态趋向合并，如果沃尔玛进军中国的B2C电子商务领域，马云将不得不面对这个全球化的商业巨兽。马云认为："沃尔玛也迟早会挪到网上，所以，两者的争斗当然不可避免。"不仅沃尔玛，中国的几个大渠道商国美、永乐、大中等，它们对制造商的压力太大，制造商现在的利润只有3%，而那些渠道能拿到15%的利润。阿里巴巴希望在厂家和经销商这个层面上建立一种机制平衡一下这种现状，即构建一个很大的平台，这个平台能让厂家和消费者有更好的机会互动起来。

为了应对挑战，阿里巴巴决定用B2C的形式打通阿里巴巴和淘宝网的界限，发展网上零售。也就是说，将许多中间环节去掉，直接将消费者与制造商通过网络平台，即类似于淘宝等的网站联系起来，这样，卖家就可以直接用批发价将商品卖给消费者。这就是B2C的一种模式，但这种模式那时还没有人做过。在此之前，eBay已显露出通过将C2C客户转化成B2B市场的雄心。"这对我很有启发。"马云说。

其实，B2B与C2C之间的差别非常小。在B2B平台上的用户既可以是针对企业采购的客户，也可能是分销商品于个人的厂商，而且往往是一家企业两种销售兼而有之，对他们来说，需要一个B2C平台对业务自身进行扩展；对C2C用户来说，分大卖家与小卖家，当大卖家大到一定程度，规模达到一般企业标准时，客观上也会促使其进行工商登记注册，成立企业，于是就变成了B2C平台用户，此时对他们来说也需要一个B2C平台来满足业务增长的需求。

如果马云的设想成功，那么阿里巴巴将成为一个虚拟的商业王国，以阿里巴巴为平台，逐步将中小企业的销售中心、人事中心、技术中心、支付中心和财务中心都放在上面，其间横亘在B2B、B2C及C2C之间的一切环节都将被打通。这样，阿里巴巴就可以制定自己的游戏规则，拥有自己的运行体系，甚至有自己的货币，而消费者只需要动动手。

淘宝的B2C模式将所有的中间环节省去，将厂商与消费者直接放在一起，这样一来，厂商获得的利润更多，对企业的发展是非常有利的，因为它们可以有更多的资金用到技术和产品创新上，反过来广大消费者也会不断受益。其实淘宝网全新B2C模式的目的就是帮助厂商赚钱，帮助消费者省钱，最大限度压缩中间环节成本，最终达到厂商和消费者双双受益的结果。

“淘宝是个网上商圈，在这上面，任何零售业态都有。”孙彤宇说，“我们希望做的是嫁接，把传统的零售经验跟以前淘宝网的电子商务经验加在一起，希望生出新的孩子来。我们现在还不知道这是什么，但是我相信一定有这样的东西在。”“沃尔玛有的我们都有，沃尔玛没有的我们也有！”淘宝员工骄傲地这么说。

而这种模式，就是现在的“天猫商城”。

做与众不同的搜索产品

2005年，盛大收购新浪股份，中国互联网震荡不断，一波未平一波又起。其实，传统的门户网站发展到现在，已经无法突破自身的盈利模式，就好像前面提到的，如果一开始就给自己一个固定的模式，那么这以后往往会成为制约自己发展的桎梏。

马云认为，中国的门户网站要想继续获得生命力，必须与专业网站结合。这也成为后来阿里巴巴前进道路中的一步，即收购门户网站雅虎中国。其实一开始会觉得似乎是门户网站吃亏，但是细想下来，就会发现，如果不与专业网站结合，最后的结果可能就是破产，而与专业网站结合，不仅能将制约自己发展的桎梏彻底打破，而且可以尝试更多的发展模式，盈利自是不必说。

马云在收购雅虎中国后，将其改造成为一个专业的搜索网站，还推出了基于One Search（一页到位）技术的Omni Search搜索服务。登录雅虎中国网站后，只要输入任意关键词，都可以得到包括网页、图片、音乐、博客在内的全部结果。之所以这样设计，一方面是为了颠覆传统，更重要的是为了满足客户需求，因为很多用户并不知道自己到底需要什么样的搜索服务，而Omni Search正是要解决这样的问题。

不仅是雅虎中国，阿里巴巴也推出了搜索产品。与目前业内主要的搜索产品“新闻搜索”和“竞价排名”服务有所不同，阿里巴巴对搜索市场进行了细分，利用多年积累起来的300万企业会员信息，将自己的搜索产品精确定位为进行网上贸易的“网商”提供中间服务。

激烈的市场竞争，迫使后来者不得不采用不一样的方法进入市场，而市场细分就成为一种重要的方法。按照目前大多数搜索产品的运营手法，搜索结果的先后排名一般按照相关企业交纳的费用多少来排定，对于“供求信息”这样的商业资讯，可通过收费排定搜索结果。但阿里巴巴不这样，其排名顺序依据的是企业的“诚信指数”，“诚信指数”来自所有阿里巴巴“诚信通”会员和“中国供应商”会员的认证记录和经营活动记录。阿里巴巴进入的商业类搜索，可以看作是被细分出来的一块。

中国移动、中国工商银行、中国石油、百度、盛大、腾讯、国美、联想、中兴、分众传媒等十家企业曾入选《商业周刊》网站评选的“十家中国最重要的上市公司”，其中互联网企业就占了三家。这三个网站并不是综合门户，而分别是搜索、在线游戏和即时通讯领域的领军企业，它们占有绝对的市场份额，并让投资者获得了丰厚的回报。

这三家互联网公司之所以能在业务、创新和用户三个方面占据垄断地位，正是依靠这种在市场细分上的垄断，才建立了自己的竞争壁垒，有了很强的竞争优势和增长潜力，因而得到了投资者的认可。

偌大的一个市场，表面上的东西早就已经被瓜分殆尽，要想成为激烈竞争的优胜者，就必须深耕细分市场，关注用户细微的需求，而这些看似简单的东西，有时候往往决定了一个企业的成败。

2006年1月15日，阿里巴巴宣布将原3721网络实名更名为阿里巴巴网络实名，涉及范围包括原实名体系的全线产品，即网络实名、实名网址、实名搜索。这就实现了阿里巴巴旗下企业级业务品牌的统一，也意味着阿里巴巴和雅虎中国在具体业务上的融合基本完成。只是，新雅虎中国的第一搜索品牌设想，仍需要阿里巴巴的耐心等待。

搜索引擎的核心在技术，无论是阿里巴巴收购的雅虎中国，还是谷歌、百度，都是依靠自己独特的技术为发家之本，雅虎搜索之所以未成为第一搜索品牌，最重要的不是技术上的问题，而是用户的习惯问题。

就技术层面上来说，雅虎具有全球第一的海量数据库，它是拥有索引190亿网页（其中包括20亿中文网页）的全球最大搜索引擎。而且阿里巴巴还将雅虎2000余台全球中文服务器迁至中国，而在中国和美国，还有近200名华人工程师对雅虎搜索进行本土化的技术改造，支持将搜索技术转移到中国市场。按照并购协议，雅虎中国可以全面采用雅虎全球的搜索技术。

但是想要在中国取得成功，光靠技术还是不够的。虽然雅虎的搜索技术非常高，但是大家普遍已经用习惯了百度和谷歌，一想到搜索，首先想到的不是雅虎，所以时间一长，雅虎的知名度自然不及其他搜索引擎。

而马云针对这种情况，为了提高雅虎的知名度，选择了娱乐营销的方式，依靠娱乐将雅虎大众化。然而，由于搜索用户具有的独特忠诚性，雅虎中国的大规模营销对未来自己搜索品牌的树立，其效应仍需要时间来检验。

马云做搜索引擎的方法，一方面是在技术上，构建其完整的电子商务生态链，使电子商务功能完整化；另一方面是构建自有搜索，进行自我运行，可以积累和挖掘客户资源，促进企业增值，提高企业竞争力。显然，自有搜索对保护淘宝的商业信息资源具有战略意义。这从阿里巴巴将雅虎中国并购之后，将雅虎中国中的渠道资源整合，并促使它们与阿里巴巴产生互补效应就可以看出来。

虽然短时间来看这样的做法是冒险的，不被理解，但是随着时间的推移和互联网技术的不断进步，以及手机的普及，电子商务技术将会变得越来越成熟，阿里巴巴和雅虎中国终将会走上成功之路。

天才的构想——电子商务+搜索

早在百度上市之前，马云就开始谋划搜索业务。由于搜索需要一个极其强大的背后团队，阿里巴巴多年来一直在不停地观望。直到2005年8月，阿里巴巴收购了雅虎中国，正式进入搜索业务。马云的这一构想显然是想借助雅虎及原3721的技术力量，打造一个全新的专业搜索技术平台。

并购风波一时间掀起千层浪，风头甚至盖过了刚刚在美国纳斯达克成功上市的百度公司。一时间网络上流言四起，众多人士纷纷揣测马云的意图。多数人都认为阿里巴巴此时收购雅虎中国是看到了百度的股票不断上涨，也想在搜索领域分一杯羹。面对流言蜚语，马云对此毫不在意。

马云认为，搜索引擎只是为电子商务服务的一个工具。随着市场的不断扩充发展，关于电子商务的信息越来越多，在很长的一段时间内，阿里巴巴将这些海量信息看作自己的财富，但是随着时间的不断发展，信息的逐渐增多便会成为一种累赘，客户面对纷繁杂多的选择将不知如何下手。

如何从海量的信息中找到最合适的信息成为当前迫切需要解决的问题，而搜索与电子商务的结合便是解决这个问题的最好手段。问题来了，就要想办法解决，而不是逃避。阿里巴巴自成立以来就致力于电子商务行业，做了B2B、淘宝等，电子商务的发展壮大迫切需要强大的搜索引擎来支持。

和很多人一样，最初的梦想总是波澜壮阔，但是随着时间的流逝我们却逐渐忘记自己最初的目的。阿里巴巴收购雅虎中国，不是为了成为像谷歌、百度一样的搜索门户，而是为了最初的目的，让搜索引擎为电子商务服务。“我们不需要横冲直追，不需要赶时间，我们只要静下心来慢慢做，做对中国的网民和电子商务有用的事情。”马云不止一次地对媒体说过这样的话。

其实早在2005年以前，马云就已经意识到了搜索引擎技术对互联网公司发展的重要作用。阿里巴巴为了巩固自己“中国最大的电子商务网站”的地位，并更快地向国际市场扩张，通过并购其他搜索引擎来获取当今最先进的搜索技术，显然是必要的，也是最便捷的一个途径。

但搜索引擎市场混乱，核心技术只被一小部分人所掌握，搜索市场必须有一个重大的改革和变动。现如今的搜索行业被工程师们玩得如鱼得水，但对中国13多亿的人口来说，真正懂技术的只有2000多万，很多人都不懂技术。马云收购雅虎中国，就是为了要让不懂技术的人喜欢在网上做生意，让不懂网络的人都能使用搜索引擎，尝试搜索引擎。如果没有搜索引擎的帮助，电子商务的发展就会受到阻碍，就会停滞不前。

2005年阿里巴巴接收雅虎中国业务的前提是必须建立在马云“大一统”电子商务帝国的思维基础上：面对B2B阿里巴巴、C2C淘宝以及B2C交易的买卖商家。要采用何种方式或手段才能使三种模式有效共存、无缝整合，并使得资源能相互共享、传递，创造出利益的最大化？如何让买卖双方在三个平台中可以互通、自由升级、转化、过渡，实现最终的一站式服务？马云给出的答案简洁明了——必须依靠搜索引擎。

“普通搜索引擎已经成为电子商务的最重要的通道，”阿里巴巴首席技术官吴炯对媒体说。当前搜索行业的领头羊谷歌已经成为雅虎与eBay的共同竞争对手，而谷歌在未来推出自己的电子商务服务是非常有可能的。因而，雅虎作为强大的搜索引擎成为eBay实施防御战略的最佳选择。

诺贝尔奖得主赫伯特·西蒙曾经说过，当今时代随着信息的不断发展，庞大复杂的信息已不再像原来那样有价值，信息的这一地位被注意力所取代。注意力经济已经成为网络时代发展最重要的组成部分之一，电子商务日益成为人们生活中不可或缺的购物方式，用户带着强烈而有目的性的需求通过搜索引擎进行电子商务产品的比较。搜索引擎成为电子商务中网站推广，产品信息完善，是帮助客户做出决策的最有效方法之一。

全世界的电子商务都离不开搜索引擎，全世界的搜索引擎都离不开中国的搜索引擎。对于电子商务这个在互联网上不断发展的事物来说，与大型门户网站合作仅仅相当于封锁了购物街上的大店面而已，但是与搜索引擎合作就相当于封锁了整条购物街。马云希望借助雅虎的搜索引擎，植入到阿里巴巴的电子商务运营模式之中，通过二者完美结合形成未来的电子商务模型。

在马云看来，电子商务的表现形式无非两种，一种是淘宝网，另一种是搜索引擎。阿里巴巴不知道哪一种模式会率先胜出，但是阿里巴巴两种模式都做，不放弃任何一种，那么不管谁胜出了阿里巴巴都能尝到甜头。搜索只是一个工具，商务才是最终目的，搜索的最大价值就是找到想要的东西。收购雅虎中国后，阿里巴巴不打算效仿谷歌和百度的模式，而是将搜索与电子商务结合，为网民创造价值。

搜索的本质还是电子商务，搜索是电子商务的最重要的工具。随着电子商务的发展，搜索虽不一定是决定性的因素，但至少是关键性的因素。马云表示之所以将这么多的心思放在搜索与电子商务的结合上，是因为这两个领域是最有前途的。在马云眼中，“谷歌＋eBay”才是最好的模式，而今天“雅虎＋阿里巴巴”将创造一个奇迹。除了开展专门化的搜索业务之外，阿里巴巴同时还能帮助雅虎中国有效地应对一些主要网络门户的激烈竞争。

阿里巴巴的优势不言而喻，它的B2B业务能够完美地融入“谷歌＋eBay”的模式之中。阿里巴巴有丰富的供货商，淘宝有大量的卖家，他们可以到阿里巴巴进货。依靠众多的电子商务服务如B2B、B2C、搜索引擎，阿里巴巴就可以推出各式各样的电子商务服务套餐供人们选择，而这一点是其他竞争对手无法做到的。

未来的电子商务一定离不开搜索引擎，这是马云一再强调的内容，也是马云的商业逻辑，更是马云的商业实践。在成功并购雅虎中国后，经过一年多的尝试，马云对雅虎中国的战略定位更加清晰，即雅虎中国门户将被重组为一个面向企业、商务和富人的搜索引擎。对于阿里巴巴而言，依靠雅虎每年投入的几十亿美元的技术研发实力，创建全球首个有影响力和创收力的专业化搜索已不再是天方夜谭。有了专业化的搜索，能将电子商务所涉及的各种产品信息、企业信息，还有物流、支付信息全部串联起来，形成一种电子商务信息的标准，进而有力地推动阿里巴巴的电子商务，形成遍及全国乃至海外的电子商务王国。

阻击谷歌，竞争是为了发展

说起谷歌，大家都不陌生，这家科技公司拥有无数的技术专利，致力于互联网探索、云计算、广告技术等领域。而阿里巴巴，作为国际化的互联网公司，经营多元化的互联网业务，信条是“让天下没有难做的生意”。

就是这样两家企业，随着全球化的深入发展，两家公司产生了不可避免的交集，同时也发生了一些摩擦。阿里巴巴在收购雅虎中国后，致力于打造一个全新的搜索引擎，而这个举动无疑让谷枳成为最强劲的竞争对手。

两家公司都致力于搜索领域，而对于搜索的重要性两家公司都心知肚明，不可能放过这样一块肥肉。谷歌原全球副总裁兼大中华区联合总裁周韶宁就曾经说过：“互联网的未来是属于搜索的，搜索将成为用户们使用互联网的主要方式。互联网的发展速度越快，信息量越大，搜索的重要性就越明显。”搜索引擎已成为互联网发展的不可或缺的一部分，但互联网的发展使网络上的信息不断增多，搜索引擎此时便成为一个重要的信息收集方式。

如果将互联网比作一辆汽车，那么搜索引擎就是发动机，搜索引擎的方式就是帮助用户成功地利用互联网，拉近与网络世界的距离。科技改变生活，搜索贴近网络，搜索引擎将改变人们的生活。

在中国，阿里巴巴把谷歌公司看作一个潜在的威胁，而在美国，eBay同样将谷歌公司视为最严重的威胁。eBay公司1995年在美国成立，美国一直是eBay的根据地和发展最成熟的市场之一。然而随着时间的推移，就在自己的大本营内，eBay却遭遇到了意想不到的威胁，这个威胁便来自谷歌。

eBay公司在美国的处境愈见尴尬，eBay的卖家有很多，但是他们的钱却全都花在了谷歌上。这些企业不光将广告投放到谷歌上，还将店开到谷歌上。利用谷歌一搜索，便能找到eBay卖家们开的店。从一定程度上说，谷歌也在涉足电子商务领域。

谷歌早已不满足于只做搜索，它也想在电子商务这个充满无限商机的领域分一杯羹。而谷歌的这一做法也就意味着eBay的主要竞争对手从过去传统的电子商务网站扩大了。意识到这一危机之后，eBay公司迅速做出了反应，2006年eBay闪电式式与谷歌的“死对头”雅虎结盟，增强抵御谷歌的竞争力。随后，又以退为进，宣布在国际市场上与谷歌展开合作，意欲化敌为友，将对手拉入自己的阵营里。毕竟，天下没有永远的敌人，也没有永远的对手，只有共同的利益。

既然有了前车之鉴，阿里巴巴便时刻提防着谷歌公司的一举一动。在中国，淘宝还不能看清谷歌在电子商务领域的影响力，为了能够与之相抗衡，阿里巴巴收购了雅虎中国，进军搜索领域。在中国市场中，阿里巴巴毫无疑问地超越eBay成了中国互联网市场中毫无争议的王者。

紧接着，马云宣布将在未来两到三年中，动用所有资源来全力发展搜索业务。对此马云信心十足地说道：“我们已经成功地打赢了与易趣的博弈，收购了雅虎中国的业务，我们的下一个目标就是阻击谷歌。”

放眼全球，在网络搜索领域，谷歌公司有着得天独厚的优势，是阿里巴巴不容小觑的竞争对手，但好在谷歌公司在中国还不是很强大。收购雅虎中国后，马云表示不会与谷歌和百度发生激烈的斗争，只是将它们作为自己学习的榜样。在阿里巴巴收购雅虎中国之前，百度在美国纳斯达克成功上市，它的优秀表现使中国公司在国际舞台中扬眉吐气。马云希望所有在纳斯达克上市的中国公司都能取得非凡的成就，为后来者加油助威，树立良好的榜样。

既然是榜样，竞争就在所难免，好在阿里巴巴从来就不畏惧竞争。但马云表示，竞争的主要目的不是打败谁，也不是打赢谁，竞争的主要目的是让企业能够持续不断地发展创新，获得源源不断的生命力，持续不断地向前发展。相信凭借雅虎中国的技术，凭借阿里巴巴的技术管理团队，特别是阿里巴巴强大的客户资源，一定能够让阿里巴巴在搜索引擎领域有所建树，打造一个世界一流的搜索引擎。

相比谷歌，雅虎中国在技术积累上并不弱，而在资金方面阿里巴巴的10亿美元已全部到账，所以钱根本不成问题。在服务器和带宽方面，雅虎中国同样不输给任何一家竞争对手。百度当时推出的很多东西包括竞争对手所倡导的，雅虎很早就在全球推广开来。

面对如此有利的处境，马云表示，未来中国市场中搜索引擎领域将出现三足鼎立的局面，三个比较强大的搜索引擎共同瓜分这一块蛋糕。谷歌的优势在技术，百度的优势在本土化，而雅虎既有强大的技术，又有阿里巴巴的本土化优势，两者加在一起丝毫不比谷歌和百度差。

雅虎中国是中国市场中继百度和谷歌之后的第三大搜索引擎，马云希望雅虎中国能够再接再厉，力争成为处于领导地位的搜索引擎。对于马云将会采取何种策略来实施他的战略，人们众说纷纭。马云对此表示，“每个人都觉得我们与百度、谷歌之间的竞争将会像淘宝与eBay之间那样，我们不会那样做。竞争是不可避免的，但是在竞争的同时我们还要尊敬竞争对手，我们尊敬谷歌、尊敬百度，我们不会去激怒它们。但是我们也要确保在之后三四年的竞争中，它们也对我们保持一种尊敬的态度，向我们致敬。”

马云对雅虎未来的成功充满信心：有充足的用户群，有核心技术，有专业知识，有电子商务，如此得天独厚的优势条件又有什么理由落后失败呢？在竞争当中，首先要生存下来，然后赢取胜利。阿里巴巴在拥有雅虎搜索引擎之后，在竞争中生存下来不成问题，同时提醒竞争对手们不要留下任何失误，否则就将大祸临头。

对于中国搜索引擎与国外之间的差距，马云毫不避讳地表示，美国的搜索引擎技术发展得非常好，谷歌做出的成绩世界有目共睹，能把收费模式做大做强，马云觉得会让任何一家公司都眼红无比。但在中国这样的模式就行不通，中国和美国有着巨大的差距，人们的生活习惯也大不相同。这些年搜索引擎的构思都是以美国文化为主，而中国的搜索引擎与它们还存在着巨大的差距，收费模式还不成熟，想要建立还需要静静地观望。

对于谷歌等竞争对手来说，马云将它们视为强有力的竞争对手，却毫不畏惧，因为他清楚地知道它们要做什么，而它们却不知道阿里巴巴想做什么。在中国市场中，谷歌肯定会有盲点，就给自己留下了超越的机会，雅虎中国未来的发展将是一片光明。

娱乐营销，吸引关注

企业的营销方式有很多种，广告通过直观清晰的内容可以让消费者直白地了解品牌信息，互动式活动规则可以让消费者体验到品牌内涵。采用娱乐营销方式，消费者能够获得对品牌的直接感官体验，加深品牌在心中的印象。在淘宝网的营销过程中，娱乐营销是马云出手的又一奇招，他深谙娱乐营销的哲学，将品牌内涵在娱乐活动中慢慢传播。

马云总是能够嗅到市场中最有前景的动向。在2004年至2006年间，淘宝网通过和电影公司合作，举行超级买家等活动获得了超高的访问量，网络点击值和流量排名均达到高峰。这清晰地说明了淘宝网与电影公司之间的互动合作是聪明的，娱乐营销取得了极为重要的影响力。

在马云看来，采用娱乐营销让淘宝网和电影公司合作，主要的目的就是借助电影的势头来加深网站在受众心目中的位置。在与电影公司的合作中，必须准确地将电影的影响力转移到网站品牌中。正确分析评估各个电影作品的影响力和传播力度是合作的首要前提，对影视作品进行深化评估，考量故事情节、明星阵容、宣传力度则是进行合作的基础。在那几年中，淘宝网先后与《天下无贼》《韩城攻略》《头文字D》《夜宴》等多部电影制作商进行合作，都收到了良好的效果。

在与《天下无贼》的合作中，淘宝网看中了电影的主题“你可以不相信‘天下无贼’，但你不能够怀疑善良和真诚的力量。”借助《天下无贼》的概念，淘宝网顺势推出其在线支付产品“支付宝”，将支付宝的安全支付功能一炮打响。电影《头文字D》讲述了普通孩子对赛车的痴迷和狂热追求，并最终梦想成真的故事。由于电影主演周杰伦在年轻群体中有极强的影响力，马云深知年轻群体的巨大消费潜力，让淘宝网成功赞助该部电影，便能及时传达淘宝网年轻时尚、敢于尝试的品牌内涵。

马云表示，在选择与电影公司的合作方式上应该推陈出新，既能让淘宝会员们体会到娱乐活动的良好体验，又能加深对品牌的理解。随着《天下无贼》的热播，马云当机立断，立即与华谊兄弟电影公司合作开拍了广告片《天下无贼》。广告片由原班人马出演，采用原声配音，因此有人戏称该广告片是电影的“续集”。马云在公司品牌推广上舍得花大价钱，电影《天下无贼》投资近4500万元，而淘宝网这几分钟的广告片就投资了将近1000万元，可谓是大成本的制作。

马云在该广告片中主打公司的产品——支付宝，“傻根”通过“支付宝”将6万元打回了家，而且还免掉了邮局汇款“可以买一头驴”的手续费。正如片中的台词一样，“用支付宝，天下无贼”。广告片在电影的基础上，巧妙地借用故事情节和人物关系将淘宝网在线支付产品支付宝成功植入，准确地传达了产品的信息，使得支付宝的知名度迅速提升。

除此之外，马云还瞄准了淘宝网的拍卖平台，采取了新方式和电影公司合作。网站开辟“明星道具馆”，专门拍卖影视作品道具。在与电影公司的多年合作中，马云一直在不断地探索，深入挖掘并开创多种新方式，沿用电影情景，开展互动活动。随着《头文字D》的热播，人们对漂移技术大为关注。为此，淘宝网趁机举办了“漂移女郎”的评选活动。在和电影《夜宴》的合作中，淘宝推出了“淘宝邀你赴夜宴”活动，选出了16名淘宝幸运会员，与《夜宴》剧组成员面对面互动。

马云总能正确地评估电影传播价值，考量自身品牌与影视作品之间的关联度，选择最合适的方法与之合作。马云表示，希望借助电影作品的知名度更广更深地传播淘宝网品牌的内涵和价值观念，让更多的人认识淘宝网、接近淘宝网，在淘宝网与电影之间获得快乐。在与电影公司的不断合作中，既丰富了淘宝网的内容，也恰如其分地表达了网站的主题与品牌内涵。

当然，马云作为一个商人远远不会满足于当前取得的成绩，在与电影公司的合作中，是从主观上迎合影视作品，比较被动。马云亟须在营销活动中占有更多的主动性和控制权，通过自己的品牌组织活动来调动人们的参与度，打响品牌知名度。

2005年，马云决定耗资2亿元推出“百万年薪寻找超级买家”的活动。此次活动的口号是“淘我喜欢，秀我喜欢，要你喜欢”。参与对象是那些在淘宝网上使用支付宝成功购物的会员们，秀出自己购买的商品，并上传真人照片便能一路过关斩，晋级最终的比赛，成为淘宝网的代言人，获得百万元年薪。

马云联合国内多家知名媒体，通过广播、报刊等媒体持续跟踪报道活动进程，发布淘宝网“超级买家”的最新新闻，追踪活动花絮，为活动造势助威。曾经成功运营过《超级女声》的湖南卫视，在淘宝网此次“超级买家”活动中给予了大力支持。许多当红明星主持人纷纷担任比赛评委，湖南卫视也在每周六晚间现场直播“淘宝网超级买家全国总决选”，同时还在淘宝网首页进行实时网络投票。

马云表示，此次活动的举办是为了让淘宝网更加深入人心，让更多的人认识淘宝网，而“超级买家”主题活动更是将淘宝网的特性和使用功能充分地表达出来。加上全方位的媒体支持，铺天盖地的广告宣传，大批网络用户的热情参与，淘宝网的品牌特质就在无声无息中深入人心。马云乐意看到这种变化，他不无欣喜地说道：“这次的‘超级买家’活动让无数淘宝会员们既享受到了网络购物的乐趣，又在快乐中体验到了淘宝网的品牌价值。”

“超级买家秀活动是中国首次尝试将互联网、电视、活动三者合一的娱乐创新，这将开辟互联网和传媒业、娱乐业的整合商业模式。”马云信心十足地说道。现代市场的运作规律需要媒体制造话题，话题掀起流行风尚，流行引导消费。淘宝网将网民心中的偶像送上电视荧幕，表演才艺分享网购经验，而电视媒体通过超高的人气将电视观众的注意力转移到淘宝网上，这种强强联合的方式既能快速地制造出电视明星，又能为淘宝网积累人气，可谓是一举两得。

娱乐营销方式现在已成为淘宝网宣传的主要途径之一，通过娱乐宣传使得越来越多的人了解淘宝网，淘宝网也获得了更多人的关注和支持。无论是借助娱乐作品进行推广，还是自发地举办活动传递品牌内涵，淘宝网都不遗余力地宣传，表达自己的品牌个性。在营销活动中，最重要的就是将淘宝网购物的优越功能、方便快捷的购物方式传递给网民们。

无论是与电影公司的合作还是举办活动，马云时刻不忘记网络用户的体验感受，并且把用户的感受放在第一位，时刻以用户的最佳体验为首要目标，将娱乐产品的精神和元素与品牌的精神结合起来，让消费者在愉快的购物体验中对淘宝网的品牌产生良好的兴趣，感化消费者的情感态度，感动消费者的内心，将品牌理念于无形中传递给消费者，达到深入人心的作用。

打造全新的中国雅虎

在完成对雅虎中国的收购后，摆在马云面前的是一大堆的烂摊子。“接手雅虎中国后，发现他们的文化十分奇特，原先是职业经理文化，后来又被3721文化占据，但是就是没有属于自己的文化。”马云对媒体说道。

在之后的几年中，马云将全部的精力都放在雅虎中国的改造中。2006年11月，马云聘请曾鸣担任雅虎中国总经理，曾鸣是中国著名的企业战略管理教授，马云希望同他一道共同打造全新的雅虎中国。

马云承诺，一年之内绝对不会裁撤员工，一年之后将进行全面的文化改制工作。雅虎原先的文化是做任何东西都只让老板开心，这与阿里巴巴的理念南辕北辙，阿里巴巴的理念是做东西必须让客户开心。

马云为何如此看重文化改制工作，他是这样回答的：“在整个公司的运营中，我更注重文化、人才以及价值观体系的培养，对这些东西的兴趣要远大于业务。因为在阿里巴巴这个系统中，有着相同的制度和价值观，我可以按照阿里巴巴的成功模式建立淘宝、支付宝，同样的我还可以复制出一个‘阿里软件’。”

当阿里巴巴和雅虎中国强强联合之后，微软、谷歌、新浪、搜狐、网易等国内外几家互联网公司都将阿里巴巴看成了竞争对手，阿里巴巴以后要面对的困难会越来越多，因此必须打造出一个阿里巴巴系，让阿里巴巴、中国雅虎、淘宝、支付宝四兄弟手拉手、心连心地合作，力争打一场漂亮的胜仗。

雅虎中国是一种典型的工程师文化，看重事实而轻视激情，这与阿里巴巴“激情”“客户第一”“拥抱文化”的理念冲突巨大。阿里巴巴向来是激情洋溢的，在对雅虎中国的改造中，“客户第一”的理念最难输入，花的时间也最为长久。马云深知，雅虎文化就是照搬美国文化，对此马云对雅虎员工给予厚望，希望他们从今天起不再与美国雅虎有任何联系，就此切断任何瓜葛。

改制雅虎中国的历程共分为两个时期。第一个时期从2005年8月开始，耗时一个月。在此期间，阿里巴巴给雅虎中国员工一个自由考虑期，让他们自主决定去留。如果选择离开，阿里巴巴会主动放人并给予一定的补助。如果选择留下，薪酬、岗位不变甚至会有提升，同时给予一定的阿里巴巴期权。很多雅虎员工面临多个诱惑，大家都举棋不定，不知该如何选择。通过马云的努力和沟通，到9月15日，只有4%的员工选择离开，雅虎高层团队全部留下。

第二个时期从2005年9月开始，此时大多数选择留下的员工已调整好心态，阿里巴巴按照新的架构对他们进行重新分工，让他们熟悉新同事、新架构、新业务。对雅虎的改造刚刚迈出第一步，改造成果渐具雏形，但是心理和文化上的归属还需要付出更多的努力。阿里巴巴要让每一位员工都能感受到总部的工作环境和氛围，完成他们对阿里巴巴的认识。为此，马云亲自上阵，带领雅虎中国600多名员工乘专列由北京前往杭州总部参观考察。对此马云表示，在以后的时间里，雅虎中国的中层半年内都会来一次杭州，像这样的工作交流会越来越多。公司还将实行轮岗和换岗制度，并且在每个季度都会举行文化整合活动。

完成了对公司内部人员的改制工作后，马云又将改制工作的重心放到了雅虎中国的网页上。马云重新定义了雅虎中国原来的“门户+搜索”的战略，单纯地改变成“搜索”模式。在这种模式下，雅虎中国的产品遭到了大刀阔斧地调整。SP业务被首先砍掉，SP全称Service Provider，是指移动互联网内容应用服务的直接提供者，负责根据用户的需求来提供和开发适合的服务，这与雅虎中国的未来目标相背离，而且SP服务中有较多的色情内容，被砍是毫无疑问的。从每月清除300多万个色情广告到放弃每月800万元的无线增值服务，再到放弃每年收入数亿元的被称为“流氓软件”的雅虎助手服务，雅虎中国的形象越来越健康。

马云毫不留情地删减雅虎中国的首页内容，经过一番调整，只有娱乐、体育和财经版块被保留下来。为什么只留这几块内容？马云表示，阿里巴巴一贯的宗旨就是帮助中小企业成长，而财经是企业成长的必要新闻，对企业来说至关重要，中国900多万家企业需要财经。体育是健康的标准，娱乐是快乐的标准。雅虎中国想要改头换面就需要拥有一个全新的形象，财经代表财富，娱乐代表快乐，体育代表健康，拥有这三者便能造就全新的雅虎中国。娱乐需要引导未来，娱乐需要代表时尚、代表趋势，但是娱乐拒绝低俗。公司将会全力投资娱乐的发展。

在雅虎中国首页的改造过程中，马云毫不避讳地坦白这个过程进行得十分艰难。每家公司都想赢利，赢利的方式也非常简单，但马云更希望每家公司都能成为No.1。因此，马云将雅虎中国那些“歪门邪道的武功”全废了。雅虎中国无线业务一个月能有近七八百万元的纯收入，而色情广告能有三四百万元的收入，马云毫不留情地将这些内容全部砍光。在马云看来，一家企业必须讲诚信，遵守道德。

在并购之后，雅虎中国进行了多次改版，马云对此解释道：“用户需求什么，用户想要什么，什么最适合用户，我们就做什么样的改变。”在并购后召开的雅虎中国第一次战略会议中，马云宣布“雅虎就是搜索，搜索就是雅虎”。2005年11月，在雅虎中国被阿里巴巴收购后的第三个月后，打开雅虎中国的新首页就会惊喜地发现，原来繁芜冗杂的首页被简洁的页面所替代。马云向员工传达的指令是：“什么时候雅虎中国与雅虎美国大不一样时，它就真正的成功了。”

随后，马云在北京宣布，雅虎中国之前7年的门户网站形象不复存在，未来的业务重点将放在搜索领域。马云这么做，自然有他的道理。“我们最初的目的就是冲着搜索来的，现在我们终于成功了。除此之外，我们还想让雅虎中国的员工们都能够明白一个道理，没有什么是不可以改变的，一切都可以改变。”

雅虎中国改变的步伐没有停止，前方的道路充满了荆棘，但马云依然信心十足。马云表示：“雅虎中国未来要做的事情还有很多，合并之后想要成为伟大的公司必然要经历一番磨难，今天情况可能会很残酷，明天也可能很残酷，但后天呢？说不定就会变得美好。今天雅虎搜索引擎已经做到了第三、第四名，谷歌凭借1000亿美元的市值在今天打败雅虎是无可非议的，但如果有一天雅虎中国将谷歌打败便会成为一个奇迹。所以，我们决不能气馁，对未来要充满信心，五年之后的雅虎中国会是什么样的公司，我们拭目以待。”

第五章

用电子商务创造新的商业世界

电子商务是实实在在的新经济，是互联网信息技术和传统实体经济的完美融合，它不再是过去人们理解的“虚拟经济”，而是能够有效整合社会资源，降低企业发展的成本，提升中小企业的竞争力，提高整个社会效率的一种新型经济。

对不诚信零容忍

马云曾经指出，中国电子商务发展的桎梏要归结于诚信体系的不完善。要想带动整个互联网进入“网商”时代，当务之急是要建立起完善的诚信体系制度。诚信是摆在中国电子商务面前的巨大阻力，只有跨过这座独木桥，才能有质的飞跃。

尽管马云多年来一直重视诚信体系建设，但天有不测风云。2011年2月，阿里巴巴的一则公告在网络上掀起了轩然大波。公告称，在过去的两年间，阿里巴巴近2000名会员涉嫌欺诈国际买家，并有近100名阿里巴巴的内部员工参与其中。为此，阿里巴巴果断做出决策，公司首席执行官卫哲和首席运营官李旭辉为此次重大事件负责，并引咎辞职，首席人才官邓康明降级另用，并由淘宝网陆兆禧接替卫哲兼任阿里巴巴首席执行官。一直以阳光健康、公正诚信示人的阿里巴巴被“诈骗事件”与“高管引咎辞职”两个爆炸性事件抹上了一层阴影。受此次事件影响，当天阿里巴巴股价下挫3.47%，次日收盘继续大跌8.27%。

受骗的国际买家们纷纷向阿里巴巴投诉，并在海外网站上登记受害者信息，曝光网络骗子，维护自己的合法权益。一位来自伊朗的买家在网上求助道：“我曾在阿里巴巴上一位名叫郁伟的人的店里买了几件产品，但由于我是海外用户，不能使用信用卡，所以卖家让我把钱打到他的银行账户里。但是在我先付了一笔订金并收到产品后，第二次付定金卖家就失踪了，他不接我电话也不回我邮件，求大家帮帮我。”

阿里巴巴上存在着大量提供高需求消费电子产品的店铺，它们以极具吸引力的价格，较低的最少购货量吸引了大量买家，但是它们的付款方式存在着巨大的安全隐患。阿里巴巴公告中显示，在已确定的诈骗者中，2009年有1219名，2010年有1107名。也就是说，从2009年开始，马云就已经知晓了内部网站中存在着诈骗行为，但是为何时至今日，马云才会突然以这种高调的方式处理企业中的不诚信事件呢?

阿里巴巴高管全部辞职，这样的事件必定会引起民众的广泛关注，民间纷纷揣测这是马云的阴谋，认为是阿里巴巴内部争权的结果。但是如果是马云的阴谋，他是不会做出让陆兆禧兼任的决定，同时执掌两个公司，又是不同的业务，精力分配是一个大问题。而卫哲作为一个经理人，不可能为了巨额好处费而牺牲自己的声誉。说到底，这应该是马云在仓促之间做出的决定，也和他一贯的处事风格息息相关。

“在这段时间里，我非常的痛苦，也很纠结，但是更加的愤怒。”马云在给阿里巴巴员工的邮件中这样写道。其实，马云身为公司的高层，是不可能不知道这些欺诈事件的存在的，但是他却未能想到，问题竟然会如此严重，尤其让他想不到的是自己的员工竟然也会参与其中。对马云来说，后者的冲击力更大。

阿里巴巴的调查显示，有近100名销售人员及部分主管和销售经理需要对其“故意或疏忽地容许骗子规避认证措施”及“在国际交易市场上有组织地建立进行诈骗的商户店铺负直接责任”。阿里巴巴的果断决策在一定程度上平息了这场风波，但是背后的深层次原因却不得不让我们关注。

阿里巴巴作为一个沟通全球买卖双方的B2B电子商务平台，实行会员制，收入大多来自会员缴纳的年费。阿里巴巴的内部会员分为三种：第一种是为国内中小企业拓展海外市场服务的“中国供应商”；第二种是为国内中小企业拓展国内市场服务的“中国诚信通”；第三种是为国外供应商服务的“国际金牌供应商”。他们都可以自由地在阿里巴巴上开设店铺售卖自己的产品。

此次曝光的诈骗事件几乎全部来自“中国供应商”。2008年11月，阿里巴巴根据“中国供应商”的运营流程推出了一款低价产品“出口通”。刚推出时的价格为1.98万元，相比之前加盟“中国供应商”的会员费5万元而言，着实让会员们省了不少钱。但这却未能让“中国供应商”的会员们买账，因为“中国诚信通”只需要3000元，相比之下“出口通”依然价格昂贵。

根据马云做出的规定，出口通的业务提成是根据上个月的销售额计算的，提成额度最高可达销售额的25%，也就是一单4950元。“目前阿里巴巴大约有5000名直销员工服务于‘出口通’，他们大部分都有车，没有车的也是包车，这部分员工有的月薪高达几十万元。”一位知情人士透露。

根据阿里巴巴的调查显示，部分员工过分地追求业绩，为了获得短期经济利益的迅速提高而不择手段，明知是骗子客户依然签约，追求高业绩高收入，导致销售组织受到负面影响。分析人士指出，公司高管的巨大变动将会导致客户增长数量的大幅变动，根据阿里巴巴2010年第三季度财报显示，“诚信通”用户数量已达到63万，这是“中国供应商”数量的6倍。一直处于收入主力地位的“中国供应商”，开始放缓增速。阿里巴巴在继续调查的同时，将加强对新客户的认证，避免此类事件的再次发生。

马云在一份声明中说道：“骗子公司正是看准了阿里巴巴这一网络平台的便利性向国外买家行骗，我们12年用心血建造的公司决不允许他们来继续败坏。但令我们欣慰的是，卫哲和李旭辉个人并未卷入其中，对于他们能够勇于承担责任的行为我们表示钦佩。”在对受害者的补偿方面，马云表示将拿出170万美元进行赔付。

根据阿里巴巴公司的调查显示，每宗诈骗案涉及的受骗买家的付款金额平均都少于1200美元。为了彰显决心，阿里巴巴全球网站论坛中陆续贴出自2010年4月起发现并清退的涉嫌诈骗的出口通会员名单。“客户第一的价值观使我们绝对不能容忍欺诈行为的发生，宁愿没有增长，也绝对不做任何损害客户利益的事情。”马云在面对媒体时这样表示，并坚决对不诚信行为采取零容忍的态度。

此次“诚信门”的危机使阿里巴巴大为受挫，马云要求B2B团队必须进行深刻的检讨，反省此次事件带来的影响，要拥有“面对现实勇于承担的勇气，拿出刮骨疗伤的胆量来”。马云说：“这是我们成长的痛苦，但我们必须付出代价，虽然很痛，虽然损失巨大，但我们别无选择。”

在马云看来，一个诚信、公开、透明的团队是成功的基础，这也是阿里巴巴价值观的充分体现，失去诚信，没了担当，就不配做一个阿里人。阿里人的基因里必须具备这样的素质，阿里人有勇气面对成长中的痛苦和纠结，也敢于将自我修复的过程示之于众。他希望此次事件能够成为前车之鉴，也给其他公司敲响警钟。

“一家优秀的公司来自于社会，服务于社会，对社会承担责任。不逃避，敢于承担，这个世界需要这样的文化，这样的精神，这样的信念。只有具备了这些条件，一家公司才能走得长远，才能走得舒坦。”马云如是说。

支付宝股权转移风波

2011年5月11日晚，一条短信让原阿里巴巴公关总监、阿里巴巴集团资深副总裁王帅着实吃了一惊。“从2010年开始，阿里巴巴集团已将外资的支付宝（中国）网络技术公司100%的股权，转让给了马云控股的浙江阿里巴巴电子商务公司。”这条短信来自《福布斯》网络版的一则报道，王帅意识到，一场大麻烦就要来了。

从2010年阿里巴巴向雅虎回购股份协议失败后，双方之间的矛盾便越积越深，而这次的支付宝转让股权的事件，将成为双方爆发争端的导火索。2005年，雅虎以10亿美元和雅虎中国资产作为“嫁衣”，换取了阿里巴巴集团约40%的股权，因而雅虎公司间接地享有了支付宝的部分权益。当时雅虎公司每股股价为16美元，而支付宝所占的比重大约为0.8美元。现在支付宝的股权转让走了，相当于这0.8美元不翼而飞，而这样的事情竟然发生在一年前，投资者和股东全部被蒙在鼓里，毫不知情。

马云早已看不惯雅虎公司的作风，一步步地从大股东雅虎那里夺走本属于自己的财产，这种做法足以点燃雅虎股东们的愤怒。事实上，在支付宝转移的消息刚刚公布后，雅虎股价就应声下跌了7.3个百分点，第二天又下跌了6.23个百分点。

对于这场无法避免的舆论风波，王帅的心理早就做好了准备，但是事态的严重程度仍然超出了他的想象。第二天雅虎发表了一封措辞严厉的声明，指责阿里巴巴公司的做法，让他们3月31日才知晓支付宝的重组计划，而且之前对支付宝的所有权转移并未得到董事会的批准。

这项声明的发表使得网络上迅速炸开了锅，一时间各大公司的负责人纷纷在网络上指责阿里巴巴违背契约精神，为自身的利益而不惜牺牲股东的利益，是“代表中国式商业的卑微伎俩”。

面对情势的极端危机，阿里巴巴迅速做出回应，在香港召开的阿里巴巴年度股东大会上，马云对此发表了声明：“没想到这个事情会成为今天这样的局面，并且上升到契约精神的地步，我们有必要进行一次沟通。”在马云看来，他并不认为自己违背了契约精神，并且反问道，“如果说董事会对这件事情毫不知晓，我们偷偷摸摸地就办成了，这样的事恐怕没人会信吧。这件事无关契约精神，这只是当时唯一正确的决定。”

马云随后发表声明称，早在2007年7月召开的董事会上，他就跟股东们商讨并确认了支付宝70%的股权转入中国一家独立公司的事情，而后又在2010年将剩余的30%的股权再次转让。在阿里巴巴的官网上我们也可以发现，昔日阿里巴巴集团全资子公司的支付宝已变成了关联公司。支付宝的全资控股母公司如今也变成了浙江阿里巴巴。

浙江阿里巴巴公司由马云和谢世煌控制，成立于2000年，是一家内资公司，马云占80%的股权。支付宝公司的两次转让，阿里巴巴仅仅花费了3.3亿元人民币，这对日交易额达25亿元的支付宝而言实在是太低廉了。

针对支付宝低价转让一事，马云澄清道：“3.3亿元只是以净资产为基础的转让价格，不存在所谓‘贱卖’问题，目前谈判仍未结束，3.3亿元也不是最终卖方获得的实际价值补偿。”在马云看来，对支付宝的股权转移是一个正确但不完美的决定，在这个决定做出的第二天，自己就已经开始和雅虎杨致远、软银孙正义就补偿问题展开谈判。马云同时也透露，目前三方谈判正朝着积极乐观的方向发展，本着100%公正100%透明的原则进入细节方面讨论。

马云将支付宝转移到自己控股的公司的理由很简单，只是为了获得第三方支付牌照。根据央行做出的规定，第三方支付企业外资比例不得超过

25%。而在2010年央行颁布的《非金融机构支付服务管理办法》中明确表明，只要有1%的外资背景，拿到央行颁发的首批牌照的概率微乎其微。于是便有了支付宝两次转移股权的事情发生。

马云也讲述了自己的难处，尽管从文件本身央行并没有否定外资身份拿到牌照的可能性，但是如果不转移股权，公司必定无法首批拿到牌照。而如果这样的事情发生，公司的业务就必须停止，直到国务院批准，而这期间所耗费的时间公司是无法预料到的，公司承担不起这样的风险。

第三方支付行业竞争激烈，如果支付宝被暂停运营，损失的代价将是巨大的。马云在股东大会上疾呼："假如支付宝不合法，淘宝就无法运营，两者都将瘫痪，阿里巴巴也将陷入泥潭。转移股权不是为了我一己之私，而是考虑了集团的利益，如果支付宝拿不到牌照，雅虎公司自身的利益也将受到损失。"

对于董事会毫不知情的说法，马云并不认同，他说："为了获取第三方牌照，支付宝的每一次重组都经历了坦诚的交流和讨论，董事会早在2009年就已明确表示，授权管理层调整支付宝的股权结构，直至达到央行的要求。"同时，支付宝CEO井贤栋也明确表示，支付宝的两次转移都是在协议控制下的，董事会也都表示同意，并没有出现不知情的情况。

马云说："阿里巴巴董事会是由四个人组成，雅虎的杨致远、软银的孙正义、阿里巴巴的蔡崇信和我，关于支付宝的问题，我们已经先后讨论了三年多的时间，从最早猜测国家可能会有这样的管理到后来央行真正地颁发文件，我们几乎没有一次不是认真地讨论的。所以说，董事会说他们对此毫不知情是根本不可能的事情。董事会在2009年7月24日有一个纪要，授权管理层去做股权结构调整，去获取支付牌照，这是一个授权。很多媒体没有根据地就质疑我们董事会有没有决议，其实我们近五年来都是有董事会纪要的，没有一件事情不是要写下来，董事会批准这样的流程。真正做过企业的人才知道，董事会要有授权，我们才能做成一件事情，所以说支付宝的股权转移，董事会是肯定知道的。"

央行文件的出台，让是否能成功申请到牌照成为第三方支付企业的生死线。马云说，现在很多人的法律意识都还很淡薄，特别是很多企业家们，他们认为中国的法律法规是可以绕开的。但事实上，在政府的决策要求下，要想拿到支付牌照，就必须剥离外资股份，这是从金融安全政策来考虑的，只有这一条出路。

“我们原则上就必须要拿到牌照。”马云直言不讳地说，“在原则问题上我们是不能够谈的。利益可以谈、敞开谈，我对杨致远、孙正义一直都是这个态度。”但是，马云也坦陈和雅虎及软银的谈判进行得并不顺利，马云意味深长地说道：“每次和孙正义谈的时候，他总是以各种理由回避，只要一谈到支付宝，他就说要去开会。”

“我们把央行的通知拿给他们看，希望让大家心里都有个数，都能明白我这么做的苦心，让大家都开心地做决定。”马云称，一定会开放地和合作伙伴们讨论，保证合法透明。

“淘宝商城”事件再掀狂澜

2011年10月10日，淘宝商城官方发布了《2012年度淘宝商城商家招商续签及规则调整公告》。公告中宣称，淘宝商城技术服务年费从原来的每年6000元提高到5万元和10万元两档，保证金从1万元提高到5万元、10万元、15万元三档。高额的年费和保证金使得一大批淘宝商城的小卖家根本无力承担，只能从淘宝商城退回到淘宝网。

此外，淘宝商城在假货、水货方面也采取“零容忍”的态度，为了营造良好的网购环境，任何商家如果发生出售假货、水货的情况，将被立即封店，并扣除全部违约责任保证金，同时消费者将获得“假一赔五”的赔偿。淘宝商城总裁张勇在致卖家的公开信中表示，市场需要良性发展，消费者们值得拥有更好的服务和购物环境。商家们想要从低价低质竞争中摆脱出来，就必须面对当前做出的改变。

事实上，不仅仅是淘宝商城的卖家们需要改变，整个淘宝商城的运营方式都需要改变。在电子商务迅速发展的这几年时间里，打着高质量高服务旗号的京东迅速地成长起来，与淘宝争夺网购市场。当前的消费者们早已学会了货比三家的方法，很多消费者不再只考虑价格因素，他们更加青睐那些信誉高、服务好的商家，而京东用五年时间建立起来的正品服务形象已深入人心。在物流配送方面，京东有自己的官方配送，而淘宝远远落后于京东，淘宝的优势早已不复存在，当前是淘宝改变自身的关键时期。

面对淘宝商城制定的新规则，很多商家无法接受，从10月11日起，淘宝商城发生了持续的有组织的被恶意攻击现象，导致一部分正规经营的淘宝商城店家受到严重干扰。这次发生的“暴动”，是淘宝商城历史上规模最大的一次集体抗议，从淘宝商城的大卖家开始，到淘宝直通车热门关键字的商家，都无一幸免。

一直以“品质之城”为宗旨的淘宝商城吸引了大批卖家的青睐，如果费用提高很多中小卖家就要搬回到淘宝集市，域名的改变会导致多年积累的顾客和流量消失，而搬到集市将面临更高的推广费用。舍不得离开商城的卖家们该何去何从，这是一个艰难的问题。

此次集结的淘宝商城的小卖家们通过YY语音保持联络，组成“反淘宝联盟”，专门针对淘宝公布的提价新规定策划行动。“我们只是想维护自己的利益，仅此而已，我们想引起人们的关注，我们要争取公平、公正。”一位卖家这样透露。很多淘宝卖家纷纷收到集结号令，在晚间八点钟陆续出现在YY群中，逐渐形成近三十个执行部，达到三千人左右的规模。九点二十分左右，一声令下，几千人纷纷到淘宝商城进行集体拍货、给差评、拒付等手段，进行恶意攻击。

“只有打击到那些令淘宝商城心痛的客户，才是最好的暴动。”一名参与者气势汹汹地说道。在他们行动的YY群中，通知栏上醒目地写着“弄死一个大店，让淘宝知道后果。”而每个群组的通知栏上更是写着诸如“奋起吧，拿起你犀利的操作速度”等字样。

仅仅半个小时，淘宝商城上多家知名旗舰店的多款宝贝被拍下架或者被迫下架。据了解，拍货的主要手段是先拍下商家所指定的物品，这些商品大多支持限时促销、货到付款并承诺免费退换货等条件。如此局面使得被牵连的商家叫苦不迭，几千人如此密集地拍下商品商家要是选择不发货，对方就能全部申请赔偿，但是这样商家店铺的分数就可能会被扣光，严重的话甚至关店。但如果商家在72小时内全部发货，他们全部确定收货，几千个人全部打差评，也会将店铺的分数拉到最低，如果他们又全部申请退款，退款率将高达100%。

很多参与者仍然没有消气，他们宣称此次行动依然会继续，直到淘宝商城给一个合理的说法。与此同时，在杭州阿里大厦前，一群举着红底白字横幅抗议的人在静坐示威，但相比网络上声势巨大的行动，他们的影响是有限的。

“反淘宝联盟”此次的大规模抗议活动造成了广泛的影响，但显然得罪这些中小卖家的并不是商城商户们，他们同样也需要向淘宝支付高额的服务费用，但却因为树大招风，成了此次抗议活动的牺牲品。这次攻击者们采取的攻击手段可谓是损人不利己，他们破坏了整个电子商务的基础，在电子商务时代，他们毫无理性的攻击行为完全丧失了基本的诚信原则。这就和破坏水电站一样恶劣，在水库中投毒想让大商家们毒死，但却忘记了自己也要喝这水库中的水。

10月13日，马云第一次在网络中发声：“看着自己周围人们的辛勤付出和努力并没有换得回报，真的有过想要就此放弃的念头。心里无数次地责问自己，我们是为了什么？为什么要让我们去承担这样的责任，也许商人赚了钱就该过舒适的生活，或者像别人一样移民国外，社会的好坏和我们又有什么关系？昨晚上网听那些人们呼喊着要消灭一切、摧毁一切，但你们却在伤害着无辜的人群。亲，淘宝人！！”

此次马云的正面回应并没有赢得人们的支持，大家高喊“马云只是一个会演戏的人”。“反淘宝联盟”的有关人士指出，“马云很虚伪，根本不配说‘亲’。马云自称很累，但他有没有考虑过中小卖家的心情，我们自食其力，还要面临沉重的门槛费用，比马云来说更累。”

10月15日，商务部负责人在接受媒体采访时表示，高度关注、重视此次事件，已经要求有关方面从稳定物价和支持中小微企业的高度妥善处理并及时报告情况。该负责人还表示，希望淘宝商城能够充分地听取各方意见，不要一意孤行，积极回应用户们的合理要求。

10月17日下午，淘宝商城就中小卖家的抗议活动召开发布会，在回答媒体提问时，马云坦言：“下辈子再也不干电子商务了，太麻烦了。”“这辈子选择了这条路，没办法。”同时，马云希望国家的相关部门能够来管一管电子商务领域。

除此之外，马云还在现场呼吁国家相关部委能够给予自己更多的支持，“我们比eBay更加困难，不是摸着石头过河，我们走的路一路都是雷区”。最后，马云也承认此次商城规则的制定初衷是好的，是正确的，但在行使上存在一定的欠缺，同时马云向中小卖家们致歉，并宣布对此做出妥协和一定的调整。

马云决定，所有商家2012年的保证金可以减半，阿里集团将追加10亿元进入消费者保障基金。除此之外，阿里还将增加3亿元的投入，用于市场推广和技术服务平台的改善，加大对商城商户的支持力度。但是，支持是有条件的，如果商户信用和客户评价在倒数10%内，将不会给予任何支持。马云说，“淘宝网对中小企业的扶植政策将会陆续推出，希望各个企业们能够平复心情，迷途知返。”

“聚划算”横空出世

2010年，中国互联网上最火爆的新兴事物非团购莫属，从最早的美团网到“百团大战”再到“千团大战”，各大团购网站之间明争暗斗，上演一出出价格大战。现如今，我们对网络团购已不再陌生，团购以其便捷、实惠的特点受到了广大消费者们的追捧。在电子商务迅速发展的今天，网络团购这种新兴的消费方式也受到了很多企业们的关注。团购网的热浪席卷了整个互联网络，一时间，知名网站也开始组建自己公司的团购网站，而在2010年5月上线的阿里巴巴旗下的“聚划算”，吸引了所有人的目光。

马云曾表示，希望聚划算能够开创中国团购的全新模式，掀起团购网络中的一场革命，摸索出利用阿里平台快速发展的道路，让淘宝网成为更多创新业务的成长平台。紧接着，在10月20日，淘宝便正式宣布，聚划算将从淘宝网正式拆分，作为单独业务模块公司化运行和发展，由阎利珉担任总经理，这也就意味着聚划算从此以后开始独立运营。

“聚划算将成为未来电子商务时代最具影响力的营销平台”，马云信心十足地讲道。聚划算发展得迅速而猛烈，让人们为之惊叹，在这几年的时间里可谓是风生水起。但是，聚划算的出现却来自淘宝网的一次“无心插柳”。刚开始的时候，聚划算在淘宝中的地位微乎其微，甚至都不能算是一个部门。2009年“慧空”从阿里软件调入淘宝网，颇有想法的他萌生了做SNS（社会性网络服务）购物的想法，而目标客户群就锁定在办公室内的好友圈子里，让他们一起从淘宝网上购买商品，分担运费。这便是聚划算的前身——淘江湖的出现。

随着团购的逐渐兴起，“慧空”的想法与老板“令狐冲”不谋而合，在“令狐冲”的授意下，“慧空”和两名员工一起，开始了做团购的最初谋划。最初，“慧空”决定给自己的部门取名叫“聚便宜”，但却有种便宜没好货的感觉。再三商量之下，敲定“聚划算”为部门的最终名字。在上线后的三个月内，每天更新三种产品，上午十点开团抢购，但是最终的访问量却只有十几万。与淘宝网每日十几万的访问量相比，几乎可以忽略不计。

上线已经三个月，却依然没能做出成绩，如果还不能找到准确的定位的话，聚划算的地位便岌岌可危。转机很快地出现了，9月9日当天，聚划算的网页中出现了一辆奔驰轿车的图片，上面醒目地写着“天下第一团”的字样，这是第一次有人在网络上售卖整车。仅仅过了3个半小时，305辆奔驰轿车全部售光，这在网络上掀起了轩然大波，一时间各大媒体纷纷报道此事，聚划算也借助这次的新闻打响了名声，当日的访问量一举攀升到上百万。

随后，聚划算又把目光锁定到了即将落幕的上海世博会上。随着闭幕日期的临近，各个国家的场馆按照规定都要拆除，凭借蒲公英造型获得最高设计金奖的英国馆也不得不面临这样的结果。聚划算的团队成员们突发奇想，找到了英国馆的负责人，希望能以团购的方式让3万多颗圣殿种子留在中国，并特地让英国领事馆制作了相关证书。随后，团购消息立即上线，不到10秒钟，这些圣殿种子便被抢购一空。

2010年圣诞节，聚划算决定绝不放过这一好时机，在为期一周的时间里一口气推出了200多件精选商品，一天的销售额高达3000多万元。而这一年年底，聚划算的年销售额已突破5亿元，成了淘宝网自成立以来成长最快的业务线。为了表彰聚划算团队所做出的优异成绩，马云为该创业团队颁发了“金旺旺”——一个金黄色的人形奖杯——表彰他们在过去一年里所做出的贡献。

马云表示，聚划算所取得的成功是整个淘宝生态链上的成功。当前中国有70%的网购用户都是淘宝用户，B2B、C2C以及团购都是不可分割的同一群体，聚划算自诞生之日起，便依托阿里巴巴的电子商务基础设施，这是其他团购网站所无法比拟的。下一步，聚划算将从实物团购转移到本地服务业团购。

很快，聚划算的触角伸向了本地服务业团购市场。按照马云的构思，这是驱动社会的力量去做的，而不是自己伸手参与经营的事情。聚划算本地服务业团购的第一单来自上海聚杰公司，本地商家是上海外滩新天地的一家东南亚风味餐厅，500单的数量在2个小时内便销售一空。聚杰公司总经理笑称："这样的成绩让我们也很意外，有种站在巨人的肩膀上的感觉。"

而随着聚划算规模的逐渐庞大，本地团购从原本杭州、上海、西安、成都四个城市逐渐发展到全国50多个城市，而这个数字还在不断地增长。目前已有200多家本地生活服务商聚集到了聚划算的旗下，每月的销售额已达到2亿元的规模。

面对聚划算这块香饽饽，淘宝商家们早已眼红不已。聚划算每天10点开团，在这之前会有2000多家实物类商家竞争每日仅有的200多个团购名单，获得开团的概率只有10%，但排队的商家却有数万家。聚划算的背后是一支100多人的小队伍，他们构成了聚划算审核的流水线，内部称之为"选品+过安检"，并制定了相当严格的过关条件，即"商家要认证，宝贝要海选"。商家的认证等级要达到五钻级别，运营时间超过三个月，在淘宝中的评分要达到4.6分以上，且半年内没有发生过任何的侵权行为。

一位淘宝店家坦言道，自己之所以这么青睐聚划算，很大程度上源于它的海量用户群体。"在其他电商渠道中获取单个新用户的成本是180元到230元，而聚划算只需要80元左右。"海量的用户群体及潜在的巨大消费能力使得聚划算吸引了越来越多的商家，而聚划算上的实惠商品每天也能吸引相当数量的用户。"通过聚划算的团购活动，我们店铺每日的客流有90%以上都是来自新客户。"一位店家这样说道。

聚划算的消费对象一般都是处在20岁到40岁之间的，这类人群有一定的经济实力和巨大的消费潜力，是网络购物的忠实拥护者。这些人热爱生活，热爱自己，对新鲜事物敢于尝试。只要店家提供价格优惠、质量上乘的商品，很多人都愿意尝试团购，而且他们也热衷于这种团购带来的喜悦。

马云在面对聚划算的火爆时提及最多的就是“变化”，马云希望聚划算能够随着时间的推移适应当前的变化，调整政策，既要让利给消费者，又不能损害商家的利益，做到两全其美、互利共赢。在聚划算的平台上，商品的出售大多都不以营利为目的，而是为了将好的服务和产品质量呈献给消费者，让好的购物体验为店铺带来更多的后续购买和口碑。

这种联动式的营销模式，为卖家提升了品牌知名度，也给网店带来了巨大的访问流量和销售量。为了提高联动营销的效应，聚划算在这方面着实下了一番功夫，在网站中设置了“我想团”、“秒杀”、“淘金币”等多处栏目，了解客户需求，提升客户购买兴趣，及时把握风向变动调整策略，实现客户间的信息互动，提供特色服务。

“天猫”再续淘宝辉煌

2012年1月11日，淘宝商城举行发布会宣布正式更名为“天猫”。阿里巴巴集团首席战略官王帅透露，在更名之前，想了无数个名字，可谓是焦头烂额，直到马云打电话问“猫这个名字怎么样？”王帅随即敲定将“天猫”定为淘宝商城的新名字。“亚马逊不仅仅是一条河，更是全球最大的电子商务企业；星巴克不仅仅是咖啡，还代表着最大的咖啡连锁巨头和文化；天猫是什么呢？它应该是时尚、潮流、品质、性感的代名词和化身。”在发布会上，王帅讲出了自己的想法。

发布会中，王帅虽然没有把天猫未来的发展想法具体化，但是将名字与亚马逊和星巴克联系在一起，无疑证明了他的野心。马云也表示，天猫未来要成为全球最大的B2C平台，成为全球B2C的地标。

天猫是一个更加开放的B2C平台，相比C2C平台的淘宝网有着更加清晰的商业模式，它由品牌商、渠道商、淘品牌、垂直的B2C企业以及各类第三方服务提供商共同组成。天猫目前的管理方式采取向商城商家收取固定的“保证金+服务费”，保证金用来解决交易中出现的纠纷赔偿问题，服务费则包括了佣金和技术服务费。天猫的主要收入除了保证金和服务费外，还来自营销广告推广及各项增值服务，而广告收入则是淘宝网的主要收入。

根据调查，自2012年以来，消费者在淘宝网和天猫上仅服饰鞋包类消费就已达到3000亿元，占淘宝和天猫交易总额的30.3%。将这个数据放在全国来看，我们会惊讶地发现，全国约有36%的服饰鞋包消费是在淘宝和天猫上完成的。

淘宝网上大多数是一些个体商家自己开的店铺，而现如今越来越多的传统品牌开始大面积地入驻天猫。那几年，淘宝网上时常爆出假货的丑闻，消费者们颇有微词，而相对于淘宝，天猫对消费者的吸引力就在于大品牌、服务好、质量好，杜绝假货，这让越来越多的人开始选择在天猫上进行消费，天猫也在续写着淘宝往日的辉煌。

相对于其他B2C平台，天猫能够为消费者提供更多的选择和服务，在天猫上购物，消费者能够很快地选择到自己想要的商品，而又因为在天猫中开设的店铺普遍交了保证金，人们对于假货等问题无须过多担心。

“天猫除了对优质品牌的追求外，还需要加强消费者的体验，这是天猫品牌原则中必不可少的一部分，我们一直在通过网络购物倡导一种全新的生活方式和心态。”马云这样说道。时尚、潮流和品位是当前消费者的共同心理诉求，而在此之外的消费体验提升则彰显了天猫的责任心，天猫卖的并不仅仅是商品，更是服务、口碑、情感。

天猫有着淘宝商城的深厚基础，但天猫也深深知道品牌宣传的重要性，并开展了多次推广活动，如每年一次的“双十一”大战。“双十一”促销活动不仅收获了惊人的销售业绩，更让天猫商城在全网购行业的狂欢氛围中声名大噪。2012年3月，天猫在北京举行年度盛典，盛典中展示全新的网购互动技术，拉近了与网购消费者之间的距离。天猫每一次举办的活动，都收到了预期的效果。但天猫并不止步于此，马云对此表示，品牌的推广活动仅仅只是停留在表面而已，天猫品牌的打造除了通过这些宣传活动外，更需要通过向消费者提供优质商品以及完美的购物体验，只有这样才能把品牌打响，塑造过硬的品牌。

现如今，电商之间的竞争日趋激烈，国内各大电商纷纷在品牌策略上选择推出自有品牌产品的延伸策略。对此现象，马云认为：“天猫目前还没有推出自有品牌的意向，天猫与传统的B2C电商购物平台的形态不尽相同。品牌建设一直是天猫的核心建设问题，自成立之日起，天猫就致力于网购平台技术设施建设，协调各种社会分工，整合各个类型的服务商等工作。天猫还没到推出自有品牌的时候，但天猫凭借‘天猫原创’这些土生土长的线上品牌，依然能够拥有独特的品牌个性和人格。”

一次次的电商大战中，天猫始终保持着冷静的个性，知道自己的目标在哪里，不盲从。身处网络电商的“丛林时代”，处于领头羊位置的天猫有着自己独特的生存技巧。马云也曾毫不避讳地分享这些心得：“永远坚持做品牌，永远不去和消费者、商家争逐利益，比如天猫就不会推出自有品牌，或者亲自购进产品，再通过低价卖出来压低商家的生存空间。天猫和商家们永远保持着一种互利合作的关系。天猫善于整合资源，当网购市场发展到一定的规模之后，天猫会整合社会各方资源，协调社会化分工，这在当前消费分层复杂的中国消费环境中尤为重要。”

除此之外，马云也表示，天猫尚处在成长阶段，很多地方还需要慢慢地提升：第一，保证商品的质量，提高商家的服务水平，营造一个互相信任的良好的消费环境，打造良好的消费体验。在这当中，商家是主体，天猫则扮演着规则制定者的角色。第二，细分消费群体。天猫未来会根据数据统计来分析消费者的个性化需求和喜好，打造千人千面的网购状态。天猫致力于打造出针对消费者的购物偏好，有针对地向消费者提供感兴趣的内容，让每一位消费者都能获得满意的体验。

电子商务正在逐渐改变着传统的商业模式，互联网将会在未来逐渐改变企业的采购流程，呈现出一个全新的供应链体系。以天猫为代表的电子商务模式将带领中国电子商务从新兴走向成熟，拉动现代物流等相关行业的迅猛发展，推动经济发展模式的深刻变革。

“要么电子商务，要么无商可务”，用这句话来概括这几年中国电子商务的发展倒是显得颇为贴切。十几年中，电子商务从无到有，将触手伸及每一个家庭，遍布我们生活中的每个细节，在悄然之中改变着我们的购物方式和购物习惯。与传统行业相比，天猫未来要走的路还很长远，这是一条持久的不能中断的拼搏之路。

再押一宝——余额宝

余额宝又名增利宝，是由支付宝联合天弘基金共同推出的一项增值业务，是集增值功能和支付功能为一体的货币型基金产品。余额宝的成功推出，在电子支付行业引起了广泛热议，该创新业务在支付宝的背景下极大地搅动了市场。阿里巴巴宣称，余额宝一元起买，随时可以卖出，甚至可以直接用来网购。

用户通过将资金存入余额宝内，实现对特定基金理财产品的购买，在此期间用户可以获得远远高于银行利率的收益。余额宝的出现，在和支付宝之间建起了一架桥梁，给支付宝大量的沉淀资金一个可以增值的通道。同时，余额宝并没有增加过多的使用限制，随存随取，在增加资金增值功能的同时依然保留了支付购物款项的功能。客户随时可以将余额宝内的资金用于购买商品，更可以实现支付宝转账以及银行卡转账等功能，克服了原本支付宝内大量沉淀资金无处使用的缺陷。

截至2013年6月30日，距余额宝推出仅18天的时间，余额宝用户已经达到251.56万，累计转入资金规模达到66.01亿元，照这个势头下去，不用一年的时间，余额宝就将累积达1000亿元的资金，这相当于一家大型银行的一级分行几十年的各项存款余额。在余额宝推出后的这段时间里，人们对它的议论就一直没有停息过。社会上的相关人士纷纷认为，这是继支付宝后又一改变互联网金融的历史性事件。

收益高、随时消费支付，仅凭这两个优点，余额宝便吸引了大量用户。余额宝在设计上存在着三个直接主题，分别是支付宝公司、基金公司和支付宝客户。其中，支付宝公司作为基金买卖客户资源和第三方结算工具的提供者，天弘基金公司作为基金的销售者，支付宝客户作为基金的购买和持有者。

余额宝通过这一巧妙的安排，实现了三者的共赢，对于支付宝公司来说，为基金公司提供大量的客户和一个优秀的结算平台，不但可以规避严格的监管规定，还能增加资本活力，同时获得数目可观的管理费收入。

相比同类基金产品，余额宝的优势非常明显。用户只要是年满18周岁的中国公民，持有支付宝实名认证账户，至少拥有一元钱，就可以申请为余额宝用户。之后可以陆续将支付宝或者储蓄卡中的资金转入余额宝内，且不受金额限制。其次，当用户将资金转入余额宝后，基金公司会在第二个工作日进行份额确认，对已经确认无误的份额便开始计算收益，收益每日计入客户的余额宝总资金内。

客户在淘宝网上购买的任意商品都可以使用余额宝进行实时支付，享有和支付宝一样的便利。客户在使用余额宝付款购物时，视为对余额宝持有基金的实时赎回和对余额宝资金的转出。而客户转出的这部分金额不再享受当天的收益，且每日转出金额最高为100万元。

但余额宝也面临着各种质疑和指责，“夸大收益”“淡化风险”“欺骗用户”等各种各样的指责纷至沓来。用户在余额宝中获得的收益实际上是投资货币基金的收益，这和存在银行中获取的利息大为不同，在银行中的存款我们不必担心风险，而放在余额宝中的钱虽说不上有多高的风险，但并不能绝对地说是没有风险的。

尽管有很多批评，但依然无法阻挡余额宝的火爆势头。在淘宝和天猫上存在着数量庞大的年轻用户，他们收入不高，消费欲望强烈，没有存款，不善于理财，乐于尝试新鲜事物。青年“月光族”们急需拯救，而余额宝的出现或许可以帮助他们一把。当今这个时代，恐怕没有人会拿着几百几十元钱去银行存个定期，更没有人会拿着这点钱去买基金，但是却有不少人愿意把它存进余额宝里，毕竟门槛低、限制少。让这些零散的资金有一个方便取用的存放空间，还能定时获得一定的收益，又有什么理由拒绝呢？更重要的是，尽管存入的资金不多，但是每日都会有收益，看着每天都能增加的资金，尽管只增加了几分或者几角钱，但正如官方宣传的那样，“‘小钱钱’也能生根发芽”。也许正是因为这些不起眼的几元钱，他们能够减少不必要的消费，逐渐培养起理财的习惯。从这个角度来说，余额宝也是一款为低收入群体打造的基金产品。

马云一直坚称，余额宝是一款推动历史发展的产品，即使它的生命周期会非常短暂，但只要能起到推动历史的作用，也是非常光荣的。现在，互联网金融大行其道，渗透在传统金融的各个领域之中。保险、信托等过去依赖于银行销售的产品，现如今纷纷转投到网络平台上，有人称之为“金融业务的渠道革命”。而基金也不例外，这次推出的余额宝专门针对网络用户，凭借多种优势，余额宝迅速积累了庞大的用户群体。

从目前的情况来看，余额宝模式已初获成效，获得了市场的极大肯定。而马云也透露，在2013年上半年已经与其他八家基金公司达成了金融合作业务，可见未来互联网金融将拥有广阔的市场空间。

不可否认，很多银行也有自己的基金项目，甚至产品设计要优于余额宝，但是很多消费者并不买账，这不得不让人深思。在余额宝推出后，建行很快推出了专门的研究报告，报告中这样指出：“此次余额宝的出现，对我们商业银行最大的启示是在以后的业务发展中必须做到以客户为中心，加强市场调研，把握客户需求，提升客户满意度。”

随着互联网和电子商务的日渐庞大，银行的发行渠道不再对百姓们具有强大的吸引力。百姓们面临着多元化的选择，而那些更新鲜的、获利更多的方式则会成为他们的最佳选择。对于普通的理财者来说，尽管会存在着一定的风险性，但是相比操作更加简便、获利更多，挑战银行的绝对权威方面更能吸引他们的眼光。

余额宝作为一种技术和制度上的创新，在支付平台中进行着不断的努力和尝试，发展潜力不可限量。

“双十一”变身“剁手节”

2009年11月11日，淘宝网首创“双十一”购物狂欢节。当天淘宝网的销售额达到1亿元；在之后的2010年，销售额达到9.6亿元；2011年，这个数字飙升到52亿元，其中天猫占到了33.6亿元；2012年淘宝“双十一”购物狂欢节的火爆场面更是超越以往，网购单日记录达到191亿元，其中天猫132亿元，淘宝59亿元；2013年，淘宝“双十一”销售额达到了惊人的350亿元。这个数字不仅超越了前几年的销售总额，更是超越了美国电子商务行业的最高纪录。

有调查显示，美国最受欢迎的“网络星期一”购物节2011年销售额为12.5亿美元，约为78亿元人民币。而在2012年中秋八天的时间里，北上广三大城市544家零售企业的销售总额也只有149.4亿元。可见，“双十一”真乃名副其实的电子商务的集体狂欢。而在这狂欢背后，展现的是中国网民超乎寻常的消费能力，透露出中国拥有这一巨大消费市场的信号。

现在“双十一”已成为电商购物节的代名词，也被很多人称为“剁手节”。2009年淘宝网上只有27家店铺参与了此次活动，而到了2013年形成了全网超万家的店铺同时参与，创造了参与商家及品牌的销售神话。根据淘宝透露的数据显示，当天店铺销量前十名均过亿元。在这十大品牌中，本土手机品牌小米手机遥遥领先，创造了5.41亿元的销售额，充分显示了互联网的惊人能量。

马云将“双十一”比作新兴的商业模式，随着不断的发展，必将向传统商业模式发起挑战。2009年，人们在“双十一”购物狂欢节中只是买一些生活必需品，如服装、食品、化妆品。而在接下来的几年中，随着参与商家的不断增多，人们购物的种类也有了更多的选择，冰箱、洗衣机、电视，这些大家电产品也成了人们购物车中的选择商品。

在2011年的“双十一”中，最让人意料不到的事情发生了：在电商购物历史上第一次出现了房屋买卖，在这一天，全国共有大小数十家开发商将近140个楼盘开始组团销售。2012年，手机成了人们最青睐的产品。在智能手机大量普及的今天，越来越多的人开始用智能手机取代电脑，由于移动电商具有价格低、无地界的优势，很多人也开始用手机上淘宝购物，极大地方便了购物方式，大多数的成交都在手机上完成。淘宝公布的数据显示，2012年“双十一”手机淘宝成交额达到53.5亿元，是上年的5.6倍。移动购物已成为人们的首选，我们似乎可以看到，在未来移动端购物将成为又一个硝烟四起的“战场”。

在“双十一”到来之前，淘宝、天猫就早已做好了充分的准备，从备货到物流运输，从仓储到服务，全公司上下都绷紧了神经，等待着零点钟声的敲响。“双十一”大战一触即发，天猫总部的大屏幕上实时展现着最新的销售额，55秒超1亿元，6分07秒超10亿元，12分22秒超20亿元……每一笔交易都会产生数据，而这些宝贵的数据将是未来电商的财富和发展潜力。利用这些数据，电商可以分析出每位消费者的购物喜好和习惯，商家便能根据这些信息向消费者推荐最合适的产品。

“双十一”一次次地创造阿里的历史，也一次次地让世界为之惊叹，其实值得惊叹的不只是中国广大消费者们的疯狂行为，全球的消费者们也亲身经历了这场购物狂欢带来的喜悦。在2014年的“双十一”购物狂欢节中，最终销售额达到571亿元，全球共有217个国家和地区被“双十一”的参与者点亮。屏幕上那不断攀升的数字代表着马云走向全球的梦想，这一个从来不网购的男人，却让全球的人都参与到了这次网购活动中。

马云表示，2014年只是“双十一”举办的第六年，再有四年的时间就可以真正地实现国际化。马云还说，目前最重要的是要为以后的全面国际化做准备。除了实现国际化，平台化和无线化也是阿里巴巴最为重视的，这也对应着阿里巴巴在国际、农村、线下三大市场的整体布局策略。随着这几年网购的逐渐普及，人们上网购物不再是冲动行为，而逐渐转变成了一种日常习惯。

透过“双十一”背后惊人的销售量和令人眼花缭乱的数字，我们可以预言，大数据分析将成为电商未来发展的着重点和核心。马云似乎早已预料到这一点，早在2012年年初，阿里巴巴等相关企业就开始将数据分析作为公司的重点业务。在对未来的构想中，马云曾谈到，希望能够运用大数据来解决一些社会问题，比如环境污染、粮食短缺等。

“双十一”巨额销售的背后表现的是未来电商的走势，在一次次的销售奇迹下，传统消费方式的地位正在被网购不断地冲击，并发起有力的挑战，而网购这种新型的消费方式也在彰显着惊人的潜力，孕育着无限的未来。很多知名品牌除了在线下开设连锁店、实体店外，也瞄准了线上销售这块利润丰厚的大蛋糕，选择在“双十一”这一天提供大量产品，储备物资，让消费者有更多的选择。而在整个电商行业内部，“双十一”是他们重塑行业格局的宝贵机会。

自2009年开始，每一年的“双十一”都是各大电商价格竞争的关键时刻，各大电商争奇斗艳，都宣称自己的商品是全网最低价。马云表示，电商之间的竞争应该是一场良性的低价竞争，应该逐渐常态化。“限时促销”能让消费者获得实惠，但是货物储备不足、供应链的剧烈波动，使运营成本急剧增加，会造成短时的低价、有价无货、诱惑买不到、买到送不到等一系列问题。应使低价逐渐常态化，则能让整个电商企业维持在一个合理的运营节奏上，有效控制成本，使得消费者在任何时候都能享受到最大的实惠。只有这样，才能牢牢锁住客源，实现电商和消费者之间的共赢。

站在“双十一”背后的马云，所要思考的不仅是如何继续把“双十一”做大做强，更是如何用一贯的超前和果断来为阿里巴巴许下一个更加美好灿烂的未来。这一天的实现，也许不用太快，但也不会太远，因为马云从未放弃，而是一直在努力。

马云又一杰作——阿里妈妈

中国目前约有150多万个网站，其中绝大多数都是一些中小网站，构成了互联网一条长长的尾巴。在众多企业都把广告投放在一些知名门户网站的时候，这些被人遗忘的小网站却鲜有人问津。在这种情况下，马云又推出了网络广告交易平台阿里妈妈，为中小网站与广告主们提供了一种新型的商业推广模式。

这是继阿里妈妈和淘宝合并四年后，阿里妈妈作为独立品牌，再一次出现在人们的视野中。和原来一样，阿里妈妈依然隶属于一淘事业群，但它所涉足的领域却扩张到了整个互联网广告业务中。马云表示，阿里妈妈目前最核心的目标就是建立一个全国最精准、最实效的全网营销平台。

阿里妈妈未来的业务将分成三大块：一是以“淘宝客”按成交计费业务为主体的淘宝联盟；二个是以“橱窗”展示广告为主题的TANX平台，以及移动广告联盟业务；三是阿里妈妈将为发布商提供免费的展位，为广告主提供一系列的服务，包括从广告投放到数据监测、效果评估等，从每笔广告交易中阿里妈妈收取8%的佣金。马云曾这样说过自己的想法：“在如今的市场中，所有的广告主们，不管是企业家还是个体经营的小商户，或者是自由职业者，只要拥有一家规模不大的网店，都能轻松地找到几个甚至多个合适的广告位。而我们今天的阿里妈妈就准备搭建一个公平、自由交易的平台。只要你拥有独立的域名地址，就可以在阿里妈妈上成为买家或卖家。”

随着互联网的飞速发展，淘宝网和阿里巴巴上的商户们也在不断地成长，他们也渐渐有了对品牌进行宣传推广的需求。此时出现的阿里妈妈可谓是解决了他们的燃眉之急。作为发展的第一步，阿里妈妈首先要做的就是将这些中小网站的资源收拢到自己的旗下，尽管这些小网站很不起眼，但是也绝不能忽视它们存在的价值。阿里妈妈将这些小流量汇聚成大流量，然后再转卖给广告主。

放低门槛，迎进更多的中小企业是阿里妈妈的初衷。网络是开放的，如果自视甚高，那就是自寻死路。根据阿里妈妈的调查显示，有近70%的中小网站几乎赚不到钱，因此，阿里妈妈决定对C2C交易实行免费政策，还推出了网站三包计划。这既能保证网站站长获得稳定的广告收入，又依靠雅虎的反作弊技术杜绝恶意刷屏，为企业主提供完善的后台评价与监管。传统的网络广告都是按照实际点击来付费的，这当中会存在不少虚假、恶意点击。为了防范这种欺诈风险，阿里妈妈大胆地在国内率先推出按照时长计时收费的广告售卖模式，帮助企业精准地寻找到目标客户群，达到有效宣传的目的。

“阿里妈妈的定位就是帮助中国中小企业发展成长起来，共同发展成大企业。”马云这样阐述道。正是因为如此，阿里妈妈才敢主动放低门槛，让更多的小企业们敢于参与进来。通过集团积累的资源，阿里妈妈把网络广告的价格定得相当便宜，甚至低至一元钱，这也让很多小企业们能够坦然接受，使得无数小企业都能自由地投放网络广告。依靠阿里系多年积累的客户资源，阿里妈妈能够准确地面对不同的用户投放正确的广告，做到精准无误地投放，满足客户对品牌推广的要求，提供切实的服务。

在兼顾到中小网站时，大网站也不能忽视。阿里妈妈下重金购买了各个领域内排名前20的网站流量，这正是很多广告主们最为青睐的资源。在付款方式上，阿里妈妈能做到及时支付，对于那些小额资金无法支付的问题，阿里妈妈又通过支付宝来巧妙地解决。网络本身的价值就在于互动性，而阿里妈妈的出现实现了广告主和媒体的自由交易，这样一个更加透明、开放的平台受到了众人的好评。

阿里妈妈在马云的决心下奋起直追，力争要做出一番成绩。在推广初期，阿里妈妈实行免费政策，让客户充分体验到这一网络广告模式的好处。凭借自己庞大的业务模式，阿里妈妈在未来能够给予客户更多的服务，譬如信用评定、网站价值评估、往期交易数据等。

马云，这位在网络世界中大展身手的人，不断地扩展自己的阿里家族，从最初的淘宝，到天猫，到支付宝，再到阿里妈妈，马云的野心似乎要将整个互联网都纳入自己的囊中。在阐释阿里妈妈诞生的缘由时，他曾这样讲道："当初淘宝刚诞生的时候，在主流媒体上打广告异常艰难，后来就是凭借着在中小网站中打广告而稍有起色。也正是从那个时候起，阿里巴巴开始注意到中小网站的力量。"因为当年的经历，马云似乎对中小网站有着特殊的情怀。"互联网中需要各种力量，如果只是被大网站们垄断，这就失去了互联网的精神。我们要致力于打造互联网良性的生态链和生态环境，需要让各种各样的网站都能蓬勃发展。"

马云并不是第一个看到这种需求并去做的人，但马云却是第一个成功的人。早在阿里妈妈之前，国内便有不少网站依靠广告联盟来赚取收入，但大多由于种种问题而饱受质疑，最终被淘汰出局。在阿里妈妈上线后，很短的时间里便汇集了20多万家中小网站和15万以上的个人博客，注册会员人数达到100万，日点击量超过10亿次，一举成为中国最大的网络广告交易平台。

马云也坦言，尽管目前阿里妈妈的发展态势很好，但是阿里妈妈也在一步一步地摸着石头过河中。当前市场的空白还有很多，但是市场潜力非常巨大，最终的成功要凭借我们不断的努力和之前积累下来的经验。目前企业交的8%的交易费是我们唯一的盈利模式，我们所付出的成本依然很大，在服务器的维护和带宽的支出及运营上的投入是非常大的。想要留住广告主们，就要用专业的服务来增强自己的竞争力。在广告内容的审核及处理造假流量的问题上，还需要投入大量的人力物力。当前阿里妈妈还在逐步发展，这是一条长期的、多赢的道路，阿里妈妈将联合广告主、网站主和未来的大批客户一道共同努力。

有人说，阿里巴巴就像一只巨大的章鱼，能将触手伸到不同层次的地方，把握住客户的多种需求。而对于阿里妈妈的推出，说市场需求也罢，社会责任感也罢，无论是批评还是赞扬，都不能阻挡马云的一步步行动。而中国网络广告市场，也将因阿里妈妈的诞生得到整体的巨大提升。

第六章
做品牌，构建阿里百年辉煌

市场好比乱世江湖，创业之路也充满了艰难险阻。马云敢做大事、做品牌，敢闯天下、不走寻常路。他深谙中国国情，在立足本土市场的基础上时刻注重与国际接轨，团结并带领一大批精英人才为梦想奋斗。他善于抓住每一次稍纵即逝的机会，创造一个又一个新的市场，从而构建了阿里巴巴帝国的百年辉煌。

梦想永无止境，激情永不衰竭

2007年6月，久未在公开场合露面的阿里巴巴集团董事局主席马云，出席了“e贷通”首次放贷活动，这是一次阿里巴巴与中国建设银行的合作。当天，阿里巴巴的四家网商，仅仅依靠“网络诚信度”就获得了建行“e贷通”的120万元贷款，这是国内第一批以企业网络诚信度为重要依据的无抵押贷款。

众所周知，中小企业融资一直很困难，一度被认为是中国经济发展中最难突破的命题之一，信息成本成了银行和中小企业间不可逾越的鸿沟。然而，阿里巴巴仅凭借其庞大的企业用户和几十万注册网商就重新搭建了一种新型的银企关系。利用“诚信通”会员企业的信用记录和监督，以及丰富的电子商务业务经验打造出了一条全新快捷的贷前、贷中、贷后封闭的资金链条，最大限度降低了银行筛选优质企业的成本。并且阿里巴巴还将推出企业打包模式，企业之间互相担保共同贷款，从而加速小企业的贷款业务。阿里巴巴副总裁彭翼捷雄心勃勃地承诺：“阿里巴巴最理想的目标是让这种贷款覆盖到80%～90%的‘诚信通’和‘中国供应商’用户，这个数量可能达到几十万家中小企业。”“毫无疑问，这种企业的规模和质量，对任何一家银行都具有无法抗拒的诱惑力。”

除了和建设银行的这次合作外，阿里巴巴旗下的支付宝公司也与中国工商银行达成了“7天应收账款质押贷款”的合作意图。这样一来小企业将不再是孤军奋战，银行也不再高不可攀。阿里巴巴、各中小企业和银行在传统企业形态下难以糅合的边界开始变得模糊，阿里巴巴又发现了新的框架，颠覆了传统的企业经营秩序。

开拓了贷款业务后，马云加紧拓宽为阿里巴巴量身打造的新的物流业务——e邮宝。e邮宝此前已经在淘宝上大获成功，如今根据阿里巴巴电子商务特性再次运用，六家跨国会展公司与多家物流公司开始寻求与阿里巴巴企业的合作。

2007年5月，阿里巴巴与香港建发国际（控股）有限公司、美国美亚保险公司、美国邓白氏信息咨询集团签订战略合作协议。这些国际贸易各行业上的巨鳄将向阿里巴巴旗下各公司的用户分门别类地提供深入服务。至此阿里巴巴的战略合作伙伴方式初具形态，阿里巴巴对内部网商资源的整合也展现了网商互助“商务服务网”的无穷威力。

作为马云旗下“达摩五指”中的最新一指“阿里软件”也已经成型，任何人都可以像登录邮箱一样进入自己的企业数据库，所有的企业信息化功能都可以通过“阿里软件”轻而易举地实现。

马云永远把自己的关注点投向中小企业，在传统的秩序下市场资源必然将倾斜向大公司，然而互联网时代，由于信息和营销成本的降低，以及互联网本身带来的组织化，中小企业结盟互助的组群得以获得与全球的巨无霸企业相较量的能力。马云正在尝试构建一个全新秩序的世界，随着阿里巴巴平台疆域的不断拓展，可以看见的是，在企业管理、融资、会展等这些中小企业曾经无法触及的专业服务领域也能看见中小企业的身影。而构建这一秩序的根本在于马云曾经的梦想，阿里巴巴要跑102年，一个企业只有拥有话语权才能一直存在。

马云提出了阿里巴巴要做102年的公司，从阿里巴巴创建之初的80年的目标到现在102年的梦想，斗志昂扬的马云带领着阿里巴巴披荆斩棘、一路向前。

为了阿里巴巴的百年大计，马云不惜动用全力构建新的互联网商务秩序，他对自己的梦想从未放弃过。“永不放弃，同时要坚信，今天很残酷，明天更残酷，后天很美好。但是，绝大部分企业都死在明天晚上。我坚信，只要坚持，就能看到后天的太阳！”这成为马云常说的一句话。马云从来不在乎别人怎么看，他永远坚持自己认为正确的事，并且努力地完成它。阿里巴巴创立之后，B2B模式并不被业界看好，新秩序的构建也在互联网商圈引起轩然大波。然而，别人越不看好的事情，马云反倒越是要做出一番成就。在阿里巴巴风风雨雨十几年的道路上，马云一直坚持着自己的梦想，带领阿里巴巴走出困境，并取得了非凡的成就。

对自己，马云保持着一份难得的清醒。他不认为自己有多么厉害，总说自己生在一个好时代，这些辉煌的成绩都是靠运气。借此强劲运势他带领阿里巴巴逐渐扩大，B2B刚站稳脚跟，着手建立淘宝，紧跟着推出支付宝、阿里软件、阿里妈妈、收购雅虎中国一气呵成，随后形成阿里“五驾马车”的宏伟战略。

多年来，马云一直都在执着于自己的梦想，他告诫创业者一定要坚持自己的梦想，在创业的过程中要时刻铭记创业的初衷。马云是这样告诫别人，也是这样要求自己的。阿里巴巴创建之初，马云曾提出让企业存活80年的口号，因为80年刚好是一个人的生命周期。然而对于这个口号，他的团队并不像他一样饱含自信，他的团队认为这个说法听上去就和天方夜谭一样。

2004年，马云又把阿里巴巴创建之初的80年目标演变成102年的梦想，斗志昂扬的马云一直坚持着自己，带领着阿里巴巴在竞争激烈的电子商务领域杀出一条血路，高唱凯歌一路向前。从1995年马云意外触网，在23人反对仅有一人支持的情况下依然追求自己的梦想，途经中国黄页的诞生和失败，历经阿里巴巴的诞生和辉煌，马云一直坚持着自己。他从不在乎别人怎么看，只坚持自己要做的事业。

短短八年，马云已经把阿里巴巴造就成了中国互联网企业的奇迹，造就成了海内外商界的奇迹。资本的冲击、技术的冲击、人才的冲击，在各种高强度的压力之下，阿里巴巴团队就这样被塑造了出来。马云的梦想永无止境，马云的激情永不衰竭。这样一个领导者，在阿里巴巴已经成为商界神话之时，依旧用自己的梦想和激情绘制着新的蓝图，构建着新的秩序，为了阿里巴巴的神话永不落幕，为了阿里巴巴的百年辉煌。

多元化发展，齐头并进

历经十几年风风雨雨的阿里巴巴集团已经成为中国最大的电子商务公司，是中国更是全球电子商务的领先者。其总部位于中国杭州，在中国大陆超过30个城市设有销售中心，并在瑞士、美国、日本等地设有办事处或分公司。运营的三个网上交易平台www.alibaba.com、www.1688.com、www.taobao.com，分别是中国和其他制造业国家的出口企业介绍给国外买家的世界上最大进出口网站，中国国内贸易的最大在线交易平台和中国国内C2C、B2C网上交易平台。

阿里巴巴在短短十几年间从一个资产不足50万元的小企业发展成为如今中国最大的电子商务集团，这一成就与其倡导的多元化战略密不可分。阿里巴巴一直坚持“客户第一”，坚持以服务中小企业为主，并为了百年大计、为了更大的发展空间，坚定不移地提倡多元化发展战略，追求更高更广泛的利益。

1999年3月10日，马云以杭州为研究发展基地，成立了阿里巴巴网站，开创了企业间电子商务平台。2000年9月9日，在杭州成立阿里巴巴中国总部。为了更好地促进出口贸易，2000年10月马云推出“出口通”和“全球宝”。2002年3月阿里巴巴推出“诚信通”会员计划。2003年5月阿里巴巴集团投资创立了淘宝网，致力于打造全球领先的网络零售商圈。2004年12月阿里巴巴集团创办了支付宝。支付宝是国内领先的独立第三方支付平台，有效地解决了买卖双方的交易安全问题。2005年8月阿里巴巴集团全资收购雅虎中国，在2007年5月正式更名为中国雅虎，开创性地将全球领先的互联网技术与中国本地运营相结合，致力于创新、人性、全面的战略发展观。2006年10月阿里巴巴集团收购口碑网，致力于搭建一个多渠道解决民众消费需求的平台。

2007年1月8日，成立阿里软件（上海）有限公司，为中小企业提供“最方便、最灵活、最简洁和最便宜”的一站式在线软件工具，涵盖中小企业电子商务工具、企业管理工具、企业通讯工具和办公自动化工具。2007年8月成立阿里妈妈，打造“C2C式广告”平台，首次引入“广告是商品”的概念，让广告第一次作为商品呈现在交易市场里。2007年11月16日，“网上世贸中心”——阿里巴巴集团的旗舰公司即阿里巴巴网络有限公司（01688.HK）正式登陆香港联交所，全球发售集资总额131亿港元（17亿美元）。作为全球国际贸易领域内规模最大、最活跃的网上交易市场和商人社区，它拥有全球240多个国家和地区的3200万商人会员。阿里巴巴的成功与其多年来坚持不懈的多元化发展，多种业务齐头并进互相支持、互相促进的发展策略是分不开的。

如今的电子商务已经不同以往，各类商业模式竞相发展，各企业明争暗斗，各种招式层出不穷，大大地压缩了阿里巴巴的生存空间。为了继续发展生存，阿里巴巴必须开拓资金的业务范围，为自己的发展多铺路建桥，才能加大企业的竞争力。2009年4月13日，阿里巴巴集团正式成立投资管理公司，专注于二级市场投资。加强集团现金的流动性管理、短期投资管理和资金风险管理，统筹规划阿里巴巴集团的现金流入、流出以及存量，在保证流动性的基础上，实现现金效益的最大化。同年9月，阿里集团在十周年庆典上宣布成立子公司“阿里云”，该公司将专注于云计算领域的研究和研发。2010年3月9日，1688.com成功上线。打通“购物上淘宝，批发上1688”的电子商务前端，与淘宝网、支付宝等兄弟公司共同实现了阿里集团在电子商务产业链的协同作战。通过1688网的成长和成熟，阿里巴巴集团俯瞰市场细分、多元化发展趋于成熟。

2011年至2013年，阿里巴巴进行了一系列组织调整，形成更加灵活、更富效率的组织结构。2011年6月，阿里巴巴将淘宝网分拆为三家公司，即一淘网、淘宝网、淘宝商城。2011年10月，聚划算从淘宝网分拆，成为独立平台。2012年，阿里巴巴调整了公司组织架构，从原有的子公司制调整为事业群制，把现有子公司的业务调整为淘宝、一淘、天猫、聚划算、阿里国际业务、阿里小企业业务和阿里云七个事业群。2013年1月，阿里巴巴将阿里云与万网合并为新的阿里云公司。

2014年后，阿里巴巴开始了大规模投资扩张。2014年6月，阿里巴巴完成收购移动浏览器公司UC优视。同月，阿里巴巴完成收购电影及电视节目制作商文化中国传播约60%股权，成立阿里影业。2015年5月，阿里巴巴宣布联合云锋基金战略投资圆通速递。2015年6月，阿里巴巴与蚂蚁金融服务集团合资成立O2O公司“口碑”。2016年4月，阿里巴巴以10亿美元控股东南亚电商平台Lazada，同月，以12.5亿美元战略投资饿了么。2017年5月，阿里巴巴成为联华超市第二大股东。2017年11月，阿里巴巴以224亿港币入股高鑫零售，将中国最大零售商超纳入其新零售版图。

不知不觉间，阿里成为一个业务覆盖到电商、金融、物流、生活服务、泛娱乐、餐饮、线下零售、云计算等众多领域，辐射国内外的庞大帝国。

如果说业务是一个企业生存的血液，那么稳定的财务来源就是一个公司生存的基础。在阿里巴巴实施多元化发展的今天，稳定而雄厚的资金为新业务的开展提供了良好的经济支持，提高了企业抗风险的能力。纵观阿里巴巴多元化战略发展，主要业务的推出对企业利润的增加收效明显，其他业务的推出虽不能直接获得利润，却也能辅助主营业务展开，起到刺激利润增长的作用。各业务之间协同合作，密不可分。

阿里巴巴的成就为淘宝的创立提供了巨大的资金支持，同时淘宝的诞生也扩大了阿里巴巴的销售渠道，增加了阿里巴巴的销售额和市场占有率，增强了它的竞争力。把集团管理的内涵、风格、标准、方法、手段在企业逐步发展的过程中慢慢渗透于各种业务，可以避免一些探索和尝试所消耗的时间和金钱。把两种甚至多种不同业务所共通的东西运用在一起，可以产生出“1+1>2”的经济效益。

做物流，“菜鸟”不容小觑

阿里巴巴的成功、淘宝的繁荣、支付宝的辉煌无不显示着马云的才华，但是在马云的心底，其实还有一个“物流梦”。相对于淘宝的营业模式而言，与快递公司的合作经常出现各种问题，常常不尽人意。如果可以将快递掌握在手中会如何呢？但是“百世”退出淘宝的警钟告诉马云，直接办快递公司肯定不是最佳方案，快递公司总是大同小异的，即便做得再好也和业内其他公司没有差别，投入大量资金和精力打造一个没有特色的快递公司无疑是在浪费资源，而且马云承认自己并不擅长于快递行业。

在以“信息流、资金流、物流”为三大要素的电子商务中，马云已经相当完美地运用淘宝和支付宝解决了信息流和资金流的问题，物流成为必须挑战的难题。为了解决物流问题，马云甚至披挂上阵亲自去浙江邮政分拣中心实地考察。马云希望建立一个现代的物流体系，一个在中国任何一个地方都可以运行的，不论是偏僻的山村还是繁荣的城市都可以二十四小时内送货上门的物流体系。

确立了新的梦想的马云在知天命的年纪时毅然卸任CEO职位，专心去为自己的物流梦开辟新的天地。马云从来不缺少魄力。他从来不怕磨砺，愿意耗尽毕生精力去完成自己的梦想。

中国的电商发展越来越繁荣，但是相对的物流却成了“水桶的最短木板”。关于物流的投诉越来越多，已经成为阿里巴巴电商投诉的最多部分。淘宝在2012年的“双十一”创下191亿元的奇迹，物流在一天内运送7800万件包裹。但是这个背后是无数人发动全家老小来完成的，长此以往下去，中国电商的未来该怎么办？马云预计十年后每日包裹的运送量可以达到2亿件，那么当今中国的物流体系并没有办法去撑起2亿件的未来，所以创办一个物流体系迫在眉睫。

马云曾经和沃尔玛的董事长山姆先生探讨过这个问题。山姆说20世纪50年代的时候他们在美国建立了大量的商场和仓储体系，推进了城镇化的进程，从而刺激了美国的内需发展。如果中国的二、三线甚至四线城市的居民拥有电脑，享受和一线城市市民一样的网络购物乐趣，那么会是多大的市场营业额。淘宝如今的交易额和交易笔数已经超越了亚马逊、eBay，成为全世界最大的商圈。物流体系的建立迫在眉睫。

实际上，马云期待着再次“走秀”，这次“走秀”是阿里巴巴集团内部探讨了四五年一直希望促成的一次。筹划了这么久的“节目”，只有在马云卸职CEO后才能全面展开。这四五年来马云一直在思考一个问题：“我们到底能为中国物流做什么？”马云认为：“国家在整个物流建设上投入了几十万亿，但是效益并不是很高，随着电子商务高速发展，我们必须在中国提升整个国家社会的效益，生产制造、小企业，如何能够帮所有的货达天下、货运天下。”

于是，菜鸟物流横空出世。之所以取名为“菜鸟”，就是因为他们就是“菜鸟”出身，当初做互联网的时候，许多人不看好马云，认为他是一只“菜鸟”。但正是这只“菜鸟”带领着一批别人眼中的“菜鸟”们做出现在众所周知的阿里巴巴、淘宝、支付宝等。而今天的几百万淘宝卖家，无数的小企业，所有在网上做着电子商务的人都是曾经的“菜鸟”，只有“菜鸟”才敢起飞。笨鸟先飞了也还是笨鸟，“菜鸟”却有可能成为好鸟。“我们取这个名字不断提醒我们自己要对社会有敬畏之心，对未来有敬畏之心，我们希望自己成为一只勤奋、努力、不断学习，对未来有敬畏、对昨天有感恩的鸟。”马云对菜鸟物流寄予厚望。

物流是电子商务的瓶颈，叫嚣了这么多年，还是电子商务的瓶颈，还是没解决。为什么？那是因为没找到如何解决物流本身的瓶颈。中国错过了数次工业革命，但是在互联网经济面前，特别是电子商务面前，中国与发达国家相差得并不远。我们是否能抓住这个可能赶超的机会？在商贸、金融、信用体系都十分发达的美国，电子商务不过是社会经济的补充。但是在中国，电子商务却可能成为经济发展的重要动力。2009年的数据表明，中、美、韩三国网上零售所占的市场份额分别是1.9%、6%、13%。马云认为这个数据还会成长，并且是快速地成长，甚至在未来中国的网络零售份额的占比可能会高达15%到20%。互联网经济在如今的巨大战略意义让马云坚信自己所经营的电子商务公司最终会成为中国建立的一个未来商业的基础模式。

马云挥斥重资，愿意去投入三千万元甚至更多去撬动几十万亿元中国已有的基础设施，让诸如高速公路、机场、码头这些应有的基础设施被充分地利用，把利益最大化。一直以来关于基础设施的项目都是由国家来完成的，马云愿意尝试联合并带领这些民营企业为这个社会、为这个时代做一份贡献，并向更多的金融机构展示他的信心和能力。马云从不怕失败，马云一直在勇敢地为梦想而奋斗，没有人保证一定会成功，但是即便失败，奋力逐梦的马云表示今生无悔，能作为民营企业参与国家基础设施投资和建设，对他对企业对时代都具有划时代的意义。菜鸟物流，不容小觑。

在美国高调上市

2007年，阿里巴巴B2B业务之所以选择在香港上市，是因为阿里巴巴可以在香港获得更好的资本市场估值。但是后来跌破发行价一直低位徘徊，阿里巴巴B2B业务于2012年6月20日正式退出了港交所。马云持股仅有7%，加上他整个管理团队所持股份也不过10.4%，美国雅虎和日本软银则分别持有阿里24%和36.7%的股份，而香港股市不允许双重股权结构，一旦阿里巴巴选择了赴港上市意味着马云会丧失对阿里巴巴的控制权。

为了解决这个问题，美国或许是个很好的选择。首先美国股市允许双重股权结构。马云可以继续保持对阿里巴巴的控制权，而且马云一直立志把阿里巴巴做成世界性质的一流企业，美国之行，势在必得。虽然美国的市场估值以及市场监管和信息披露等方面相对不太友好，但是利绝对大于弊。赴港、赴美，这个选择题的答案马云已经了然于心。

2014年3月16日，阿里巴巴宣布启动上市事宜，IPO地点最终确立在美国，以使公司更加透明、国际化，进一步实现阿里巴巴的长期远景和理想。

5月6日，阿里巴巴向美国证券交易委员会提交了首次IPO申请，确定阿里巴巴的上市承销商为瑞士信贷银行、德意志银行、高盛、摩根大通、摩根士丹利和花旗集团。

6月16日，阿里巴巴首次公布了27名合伙人名单、任职情况，同时公布了未来上市公司的9名董事会成员名单，以及最新财务数据。

6月26日，阿里巴巴决定申请在美国纽约证券交易所挂牌上市，股票交易代码为“BABA”。

9月5日，阿里巴巴预估其IPO发行价在每股美国存托股60美元到66美元，赋予上市承销商最多4802万股美国存托股的超额认购权。

9月8日，阿里巴巴在纽约华尔道夫酒店启动为期十天的全球路演，受到投资者追捧。

9月15日，阿里巴巴将IPO发行价预估区间提至每股66美元到68美元，原因是来自于投资者的需求表现强劲，并将发售3.2亿股美国存托股票。

9月18日，阿里巴巴将其IPO发行价确定为每股美国存托股68美元，融资额为218亿美元，超越维萨卡公司成为美国最大的IPO，阿里巴巴有望创下全球IPO融资额最高纪录。

9月19日，阿里巴巴在美国纽约证券交易所正式挂牌交易，股票交易代码为“BABA”，开盘价92.70美元（折合每股569元人民币），开盘后市值为2383.32亿美元，飙升的股价也让阿里巴巴的市值一举超越Facebook、亚马逊、腾讯和eBay，成为仅次于谷歌的全球第二大互联网公司以及全球最大电商企业。至此，阿里巴巴执行主席马云的身家约200亿美元，超过王健林和马化腾成为中国新首富。事实上，阿里的交易规模就可比肩某些国家GDP。2013年阿里集团的电子商务交易总规模为1.542万亿元人民币，折算成美元是2480亿美元，占据了全国电商市场总规模的84%。

虽然阿里巴巴有国际贸易业务，但就其整体而言，其业务主体还是在中国。身背庞大的市值光环并不能掩饰住它海外影响力的短板。阿里巴巴需要通过一系列举措来让“外界”认可，阿里巴巴在中国拥有一个庞大的帝国、关系网、势力范围，但是在海外并非如此。

阿里巴巴上市之后，阿里云或将迎来前所未有的发展良机。一方面，上市之后会大幅度提高它的知名度，会有更多的用户知道、选择阿里云；另外根据阿里巴巴的招股书，在阿里巴巴的平台上，活跃着850万个活跃卖家，与他们相关的就业岗位有1200万个。每一位卖家都有一个不同的创业故事。阿里巴巴这种打造平台的做法会让它梳理出更多的成功案例，这算是云计算推广的一种撒手锏。

对于马云来说，赴港还是赴美或许真的不重要了，“让他们因为阿里巴巴而变化，才更为重要。”阿里巴巴集团的上市无疑将成为一件意义非凡、注定被计入互联网史册的大事情。

高管调整，用意在于成长

从最开始，马云就立志建立一个“由中国人创办的全世界最优秀的公司”。马云和麾下的“十八罗汉”，从北京到杭州，从长城脚下到湖畔花园，从华星到创业大厦，经历了一次又一次的困难和成长。这么一批人放弃优越的条件，安心风雨同舟地追随马云，最终构建了辉煌的阿里巴巴集团。创业容易守业难，为了维持阿里巴巴的百年辉煌，马云也煞费苦心。

2006年10月，阿里巴巴宣布对集团进行大规模架构调整，2007年3月初步拆分完毕。拆分后的阿里巴巴集团下设五个全资子公司，包括B事业部的阿里巴巴网和阿里软件，C事业部的淘宝网、支付宝和雅虎中国。卫哲、王涛、孙彤宇、陆兆禧、曾鸣分别担任这五家公司的总裁，同时兼任集团资深及执行副总裁。“达摩五指”初具形态，资源内部共通使得五个业务的关联性进一步加强，从而使得整个阿里巴巴集团的平台标准化，有效率地改变、影响传统的市场边界。创办伟大的公司、顺利进行以上的拆分重组则必须有一个非常优秀的管理团队。

马云坚持人才的引进来和走出去战略，大力推进人才的战略部署，同时加强各关键部门的人才储备、轮岗和接班人制度。在阿里巴巴，每一个新入职的员工都会参加“百年阿里”的培训，学习阿里巴巴的核心价值观，保证阿里巴巴文化一代一代地传承，资源可能枯萎，但绝对要保证企业文化的生生不息。为了更加充分地与行业内外的优秀企业和企业家进行沟通和合作，马云决定，阿里巴巴集团的高级人才必须陆续前往海外著名商学院脱产学习、修正，提升自己的水平和素养。为此，公司甚至制定了干部轮休学习计划。阿里巴巴集团COO李琪，阿里巴巴集团CTO吴炯，阿里巴巴集团执行副总裁、淘宝网总裁孙彤宇，阿里巴巴集团资深副总裁李旭晖，都会离开现任岗位，辞去阿里巴巴现有职务，正式进入学习和休整期，期间不拿工资、不为具体职务承担具体责任。马云要求他们休息两年时间——“不许回公司，公司拆了跟你也没有关系，你就该干什么干什么，我不管你。”

与此同时，阿里巴巴集团执行副总裁、中国雅虎总裁曾鸣于2008年1月1日起调回阿里巴巴集团，重新担任参谋部参谋长；阿里巴巴集团资深副总裁、支付宝公司总裁陆兆禧将调任淘宝网总裁；阿里巴巴集团资深副总裁金建杭将调任中国雅虎总裁；阿里巴巴集团副总裁、淘宝网副总裁邵晓锋将调任支付宝公司执行总裁。

阿里巴巴集团内部实现大换血状态，此消息一经发布即引起了互联网商界的轩然大波，不按常理出牌的马云再一次被推到风口浪尖。有人说马云卸磨杀驴，有人说马云“杯酒释兵权”，其实这种高管的调整，无不体现着马云的用心良苦。虽然李琪、吴炯等人卸任休息，但是他们依然是阿里巴巴的高级人才，而阿里巴巴集团这一高管调整策略的真正用意，是使管理人员得以在海外著名商学院进行短期或者长期的培训、学习，集团甚至建立了互联网业界中独一无二的组织部，立足于培养干部制度的建立、干部的成长和企业文化的发展与传承。

其实，在阿里巴巴集团建立初期，马云曾经聘用了很多的MBA，包括哈佛、斯坦福等学校的MBA，还有国内大学毕业的MBA。但是后来这些MBA中的95%都被马云开除了。马云认为他们都不适应自己企业的需要，好比把飞机的引擎装在了拖拉机上，最终还是飞不起来一样，阿里巴巴在初期确实犯了这样的错。那些职业经理人管理水平确实很高，但是不合适，公司当时的发展水平还容不下这样的人。外部聘请不如内部打造，让自己集团内部的高管去学习进修，从而建立起一个符合、适应自己公司发展的领导集团。从某种意义上说，“适用”即人才。马云在办公室的墙上挂着一幅题字：“善用人才为大领袖要旨，此刘邦刘备之所以创大业也。愿马云兄常勉之。”这幅字是金庸2000年的时候给马云题的。马云说：“我挂在办公桌前面，这是给自己看的，挂在后面是给别人看的。天天看到这个，也是对自己的一种提醒。”

然而对于任何一家企业来讲，诸多高管的调整可以说得上是伤筋动骨的，更何况才上市的阿里巴巴。这次高管的调整无异于一个非常冒险的经营策略，要不功成名就，要不就是身败名裂。不过马云一手打造的阿里巴巴集团明显更适应马云的策略调整，这一出高管调整战略明显是阿里巴巴发展过程的必然之举。阿里巴巴与其他企业的区别在于，阿里集团上市不是为了融资，它是要寻求一个更广阔的市场，一条更完美的发展道路。上市后的阿里巴巴集团在业务拓宽的情况下，面对的挑战和威胁也越来越多，阿里巴巴集团必须为自己寻找一条制胜之路。而道路的寻找和引领离不开的是人才。人才对企业的重要性无须多言，诸多成功的企业已经充分地证明人才是企业发展的基石。上市之后的阿里巴巴，需要更多的经营管理人才。

马云希望高管们可以走出阿里巴巴去面对更广阔的世界，去吸收更丰富的知识，所以才调整高管层次，让更多的高管去学习、充电、开阔眼界，提高自己的修养和素质。在这样的战略部署下，阿里巴巴麾下的四大高管调整就显然在情理之中，他们不是真正的离职，而是去充实自己的大脑。马云此举就是为了让阿里巴巴能够拥有一批更优秀的人才，只有这样，阿里巴巴上市之后才能有更好的发展前景。更重要的是，马云此举也为引进人才扫清了障碍。企业的发展过程中，如果创始人对发展决策意见不能统一，那么给企业带来的灾难是不能预估的，对于股权分散的阿里巴巴，高层管理者如果不能做到意见一致，那么阿里巴巴的运营就会相当坎坷和危险。让高管去学习，不仅能提高高管的个人才能，也有助于高管在阿里巴巴的发展决策中形成一个统一的方向。

马云对阿里巴巴的高管调整是为了让阿里巴巴能够有一个更好的前景。让高管们离职学习，可以让他们在丰富自己，接触到更多的商机、更多的人的同时获得更多的发展思路。显然，阿里巴巴的高层管理人员的调整策略不仅可以为阿里巴巴培养人才，还可以为阿里巴巴寻求更多的商业机会，一举数得，这也是马云对阿里巴巴高管调整的真正用意。

成立“新富贵兵团”

2007年11月6日，对于阿里巴巴来说是一个历史性的时刻。阿里巴巴在香港上市，上市之初该股就出现了狂飙景象，最终收报39.50港元。计入13.2%的超额配股后，阿里巴巴融资规模接近17亿美元。由于获得资本市场热捧，阿里巴巴刷新了港股另一项纪录——冻结的资金达4475.18亿港元，再一次震动业界。

曾记得，百度在美国上市引起业界轰动。当时马云曾说：“阿里巴巴上市一定会超过百度。”两年后，马云的话变为了现实。阿里巴巴的市值已经超过了百度，同时阿里巴巴的业绩也超过了百度。阿里巴巴上市可以说是开辟了一个全新的时代，它不仅宣告了历经八年辛苦的阿里巴巴团队的成功，也宣告了中国B2B电子商务模式的成功，同时意味着第三次互联网高潮的到来。阿里巴巴已经上市，阿里企业上下欢腾鼓舞，最兴奋的无异于阿里巴巴的创业骨干和员工们。据披露，当时有4900名员工持股，平均每名员工有万股之多，阿里巴巴上市造就的千万富翁有数千人之多，阿里巴巴集团旗下的包括阿里巴巴、淘宝、支付宝、中国雅虎、阿里软件在内的五家全资子公司的高管全部成了百万富翁甚至千万富翁。

这种大范围、大数量的巨额富贵团队式的爆发在中国互联网企业历史上是前所未有的。跟随马云艰苦拼杀的阿里巴巴创业者们都得到了超乎想象的回报。马云当年的许诺被超值兑现。毫无疑义，每家网络公司的上市都是一次造富运动。但阿里巴巴的上市却是一次与众不同的造富运动：不造首富而造群富，不追求个人巨富而追求员工共富。仅仅计算发行价，阿里巴巴上市的B2B业务市值就高达700亿港元。上市以后股价不断飙升，阿里巴巴市值不断翻番，马云成为新一代的中国首富简直水到渠成。但是奇怪的是，招股说明上很容易就可以找到雅虎和软银的持股，但是无论如何却查不到马云的个人持股数，这证明了什么？这代表马云的个人持股数被包含在了团队总持股数量之中。

阿里巴巴的上市使得其4900名员工拥有4.4亿的股份，占总股份的36.32%，阿里巴巴的B2B业务为其内部员工创造了184亿元的市值财富。但同时，马云以及阿里巴巴另外七名高管兼董事的合计持股也不过占上市公司股份的12.79%，而马云持有的股票只有5%。阿里巴巴一经上市，其内部员工人均身价居然达到200万港元，如此的兵团模式的创富格局在所有IPO互联网公司中前所未有。大部分对阿里巴巴有历史贡献的内部员工都获得了股票和期权，阿里巴巴的IPO缔造了中国互联网历史上最大规模的富豪群落，至少产生了20个亿万富豪，包括和马云一起创业的“十八罗汉”以及后来陆陆续续加盟阿里巴巴的企业经理人，而阿里巴巴集团旗下的诸多部门高管都将跻身千万富豪之列。

马云从来不是独享胜利成果的人，在马云看来，阿里巴巴之所以有今天的成就，全靠这些成员的努力，团队的作用肯定不会比资本家小很多。他胸怀博大，懂得感恩，困难时期和马云不离不弃艰苦走来的人都得到了不错的回报。马云非常感激这个能够和他背水一战的团队，阿里巴巴上市，马云觉得坚持者应该得到应有的回报。“傻坚持肯定要强于不坚持。”马云说，“坚持下来的人都获得了财富，而心思活络的聪明人有时候不容易成功，坚持不下去是一个最大的原因。”

马云对能够同甘共苦的团队的感恩之心溢于言表，2004年以后，阿里巴巴经过两次拆股，大部分核心团队成员都获得了一定的股权。对于曾经雪中送炭、共度艰辛的同伴，马云从不是个小气的人。多年以前马云就曾经说过，他不想做也做不成世界首富，从未想过。马云想的永远是团队的利益，而不是个人的名誉。有如此境界和心胸，即便暂时的失败也不会影响他最终的辉煌，阿里巴巴上市足以证明一切。

下篇

思想理念史

- 想别人所想不到的，才能有大的收获
- “互联网思维”缔造网络神话
- 自我颠覆，尽显王者之风

第七章

想别人所想不到的，才能有大的收获

一个公司的商业模式一旦落后，后果往往是灾难性的。所以，一定要实时审视当下最先进的生产方式，寻找最佳的经营模式。马云引领中国电子商务发展，无疑开创了一种全新的商业模式，或者说他在跨越中完成了自我超越。这一点，恰恰是这位创业英雄最引以为自豪的地方。

用户满意才是王道

马云一直以来认为用心服务是服务艺术或艺术化服务的最根本的要求。他将赢得用户的口碑视为一家企业的发展之道。他一直要求淘宝员工通过自己的用心服务来赢得顾客的满意和信赖。

马云曾经说过："阿里巴巴是做电子商务服务的，作为B2B电子商务服务公司，管理并运营着全球最大的网上贸易市场和商人社区，阿里巴巴网站每天都要为来自220多个国家和地区的企业和商人提供商务推广、网站建设、诚信社区等服务。服务质量的好坏是决定阿里巴巴能否生存发展的关键。"

马云为了让客户在阿里巴巴得到更加满意的服务，在创业初期他便亲自上阵，监督网站和软件技术开发，每当技术人员完成一项任务或者做出一样新东西之后马云都要亲自测评。马云因为自身并不是很懂互联网，所以他更理解那些商人，他看不懂、不会用的，就代表着85%的商人不会用，他就会让技术人员重新修改。马云为此还为技术人员开过会，说："真正的高科技就是一摁一开，不要弄得很玄乎。我坚信一点，电子商务很简单，应把麻烦留给自己，不要留给用户。"

在设计阿里巴巴的网页时，马云提出来的设计原则就是两个字：简单。而仅仅"简单"这两个字，就让马云在主页面的设计上否决掉了16个设计图。在整个设计过程中，马云和其他管理人员全程参与，那些复杂、华丽的页面，马云一概不要。

在经过了细致推敲和极力推行简单原则之后，阿里巴巴的网页终于完成了，马云紧锣密鼓地进入到了下一阶段的布置。马云在关于是否使用会员制这个问题上十分坚决，要求必须使用会员制，这也是阿里巴巴网站从一启动开始就实行会员制的原因。

在网站启动之初，阿里巴巴的网站上什么都没有，摆在大家眼前的问题是：如何证明这个网站是有价值的，是可以为客户带来财富的？为了确认会员发布的信息的可信度，马云让阿里巴巴的员工对每一条信息都进行人工的检测核实，只有保证出现在阿里巴巴网上的每一条信息都是真的，才能让那些商人觉得他们花费的时间和金钱是值得的。

阿里巴巴的会员起初增长得很缓慢，很多人对马云的会员制提出了质疑。马云不为所动，甚至还提出了一年内阿里巴巴要有一万个会员的目标，很多人都觉得这是异想天开。后来EDI（电子数据交换）的中国商品交易市场网上的很多会员听说了阿里巴巴，纷纷前来加入，会员的增长也快了起来。2个月后，会员数就突破了2万。

马云看到阿里巴巴会员人数增加后，又在阿里巴巴的网站上开辟了一个BBS论坛，叫商友会论坛。为了将论坛的气氛烘托起来，马云让每个阿里巴巴的员工都注册“马甲”，并且在网上发帖，努力把论坛的人气搞上去。经过半年的努力之后，论坛的人气上来了，发言的人越来越多，几年后就成了中国商人第一网络媒体。

虽然马云不断地扩大阿里巴巴的会员数量，也搞了一个BBS论坛作为商人的交流地点，但是他做这一切的目的都是为提升用户口碑。马云认为只有口碑上去了才能保证会员数量的不断增长，才能保证活跃的会员数量不会减少。

随着阿里巴巴会员数量的不断增长，网站上的信息变得多而且混乱，想要找到一条有用的信息并没有那么容易，马云又让阿里巴巴的技术人员进行技术跟进，让会员方便寻找信息。于是阿里巴巴网站的会员拥有一个自己的独立空间，通过简单的操作，会员可以在自己的空间内上传商品的详细信息和图片。经过阿里巴巴工作人员的人工检查之后，这些信息就会以独立网址的形式出现在阿里巴巴的网站上。

这样一来，阿里巴巴的网站变得干净整洁，信息都是经过分类整理之后发布的，而且每一条信息的真实性都能得到保证。这就意味着只要成为阿里巴巴的注册会员，就可以迅速快捷地免费享有这些经过阿里巴巴工作人员整理之后的真实信息资源，商家就可以很方便地找到自己想要的进货渠道或者经销商。

马云十分重视对每一个会员的服务，一旦发生问题要立刻解决。有一次，马云恰好在阿里巴巴的网站上看到了一家以色列公司贴出来的信息，信息中说中国扬州的一家公司是欠款单位，请其他商家不要相信那家公司。马云立刻让阿里巴巴的工作人员联系那家以色列公司，通知他们这条消息不能在阿里巴巴的网站上发布，希望可以通过正常的法律程序来解决矛盾。

在和以色列公司协商的同时马云又让员工联系那家扬州的公司去核实情况，扬州公司很快反馈回来，事情的起因是以色列公司要购买二手鞋，扬州公司也进行了妥善的准备，但是就在出关的时候被有关部门扣住了，不让出口。以色列公司并不相信他们的解释，想让阿里巴巴帮忙处理一下这个问题。

马云很重视这种客户之间因为误解而产生的纠纷，因为这些本是可以避免的，他让阿里巴巴的工作人员进行调查，发现事情果然如扬州公司所说之后，马云又和以色列公司进行沟通，在经过反复的交流之后，以色列公司最终和扬州公司成为合作伙伴，并且到现在他们依然是阿里巴巴的忠实会员。

马云喜欢研究失败企业的案例，他不喜欢看成功经验，而是喜欢总结失败教训。许多人说，是马云的领导使阿里巴巴活下来，马云却认为，他没那么聪明。他总是说：“其实创业很简单，就像在黑暗中走路，顺着亮光走总能走出来，企业到了一定规模之后才能去讲战略战术。”

马云的“客户第一”理念具有两个独特内涵。一是为客户创造价值。

不以赚钱为第一目的，让客户赚钱。马云很清楚，只有客户先获得利益了，阿里巴巴才有钱可赚。因而阿里巴巴千方百计地为客户创造价值，方便客户获利。二是培训客户。阿里巴巴投资进行客户培训，帮助客户学会使用阿里巴巴平台，帮助客户与对方沟通，帮助客户进行网上贸易，帮助客户在网上赚钱，帮助客户成长。

在马云的努力下，阿里巴巴前六个月的成长速度是惊人的。阿里巴巴不接触媒体，不做广告，所以阿里巴巴的业务增长、会员的增长都是靠客户心口相传，都是靠阿里巴巴在用户那里积累的口碑。

马云认为客户的口碑是阿里巴巴前进的助力，阿里巴巴需要考虑的就是如何不断地提升自己的服务水平。为了让阿里巴巴的用户满意，马云还从海尔学来“一块布”服务。对于阿里巴巴来说，其“一块布”的战略就是完善服务态度，减少拖延时间的现象，让每一个会员到了阿里巴巴之后，感觉不拖泥带水，自始至终干净利索。正是这种以用户满意度为第一要务的态度，让阿里巴巴积累了越来越多的会员，最终越做越大。

为客户创造价值是责任

马云开始创业的时候，国家的政策和大环境已经不同了，他无法像老一代创业者那样依靠国家政策迅速发家致富。在新的商业环境下，互联网创业已经成了主流，马云很显然想要用互联网来做一番事业。

马云创业时所处的环境是新时代的新环境：创业者想要生存下来，只能自己去赚利润养活自己，客户不会自己找上门来，创业者只能自己到市场上去寻找客户。在纯粹的市场竞争的行业里，吸引客户是商业经营的根本，一个新时代的创业者应该把最大的精力放在对客户需求的了解和满足上，客户是公司的衣食父母，抓住了客户，公司才能赚钱活下去。

很多人觉得阿里巴巴的成功，其实是因为它的商业模式很成功，企业的经营战略很成功，正是依靠这两点阿里巴巴才有今天的规模。但是在最根本上，阿里巴巴的成功得益于马云真正把客户放在了第一位，把为客户创造价值放到了第一位。在马云看来，客户才是阿里巴巴的立身之本，而想抓住客户，就必须了解客户需求，然后为客户创造价值。

马云曾给阿里巴巴的员工发了一封名为《冬天的使命》的内部邮件，号召阿里巴巴全体员工准备“过冬”。这封邮件当天就被传播到了公司的外部，并且被各大媒体争相转载，一时间社会舆论议论纷纷，主流媒体也纷纷报道，很多人都以为阿里巴巴遇到了冬天，电子商务遇到了冬天。

其实这一切都在马云的意料之中，他写的这封内部邮件，本来就是写给阿里巴巴的客户看的，本来就是给社会大众看的。马云在2008年凭借超人的眼光和敏锐的嗅觉已经察觉到了宏观经济出了问题，他首先想到的是阿里巴巴有义务帮助这些中小企业“过冬”。但是直接给所有的中小企业发邮件说明情况又不好，很有可能造成不必要的麻烦。于是马云灵机一动，想出了给内部员工写信的办法，因为他知道，这封信一定会被传到外面去。

在此之前很多人对马云匆忙地将阿里巴巴上市感到不解，虽然上市之后阿里巴巴前景大好，阿里巴巴的股票也一涨再涨，但是怎么看这一上市举动都有些匆忙。在看到马云《冬天的使命》这封邮件之后，很多人明白了，马云早已经发觉了经济危机的前兆，他抓住这个机会上市融资，又让阿里巴巴具备了二十多亿美元的“过冬”现金储备。阿里巴巴在2008年初的“深挖洞，广积粮，做好做强不做大”的策略已经开始在各子公司得到坚决地实施。

马云还在邮件中强调，阿里巴巴有责任保护自己的客户，阿里巴巴自身的使命就是服务中小企业。马云知道全世界范围内有众多的中小企业信任并且依赖着阿里巴巴，他预感到这次经济危机对于中小企业来说是一次致命的危机。虽然这次危机对阿里巴巴也是一个极大的挑战，但是马云依然说出了“帮助他们渡过难关是我们的使命”这样的豪言。

就在那封内部邮件发出不久之后，马云马上让阿里巴巴采取相应的行动来帮助国内的中小企业。在2008年，想加入阿里巴巴的中国供应商每年都要缴纳6万元的年费，但是为了帮助中小企业“过冬”，马云将这个费用从6万元降到1.98万元。

当时阿里巴巴拥有150亿元人民币的现金，完全可以维持自己度过这次经济危机，但是马云考虑的不只是阿里巴巴自己“过冬”的问题，如果只是阿里巴巴安全度过了“冬天”，但是阿里巴巴从创立以来就立志于服务的对象——中小企业都在“冬天”死光了，那么阿里巴巴也就失去了生存的根本，阿里巴巴的存在将不再有意义。

当经济危机来临的时候，很多企业想的是如何在这样的经济危机中保证自己的盈利，而马云想的却是如何帮助更多的企业，让更多的企业可以盈利，这正是他“客户第一”理念的真实体现。

在阿里巴巴，马云几乎把“客户第一”提升到了企业命脉的地位上，他要求员工无论何种情况，都要始终微笑着面对客户，体现尊重和诚意。在坚持原则的基础上，用客户喜欢的方式对待客户。要为客户提供高附加值的服务，使客户资源的利用最优化。平衡好客户需求和公司利益，寻求并取得双赢，关注客户的关注点，为客户提供建议和资讯，帮助客户成长。

可以说，阿里巴巴的核心价值观就是“客户第一”，它的所有产品或服务的推出，都建立在这一价值观的基础上，从客户的角度出发，为客户创造价值，这也正是阿里巴巴受到欢迎的根本原因。

马云和大部分创业者的不同之处在于，从创业开始他就意识到了企业只有为客户创造价值才能走下去。创立阿里巴巴多年以来，马云始终强调，为客户多创造一点价值是阿里巴巴的责任。他甚至经常告诉阿里巴巴的销售人员，到客户那里去的时候，眼睛里不要只盯着客户的钱，而是应该先为客户多赚一点钱，然后再从客户那里拿钱。

如今的商业环境已经不同了，在新的商业态势下，企业不能再用商业的心态、公益的手段做经营，而应该用公益的心态、商业的手段来经营。否则，企业很难在新的社会环境下健康发展。其实，为客户、为社会创造价值是企业的终极目标，也是支撑企业做大的不竭动力。马云正是认清了阿里巴巴的这一社会价值，所以阿里巴巴消灭了很多贸易中的中间费用，为更多的贸易机会创造了条件，实现了马云所追求的“为客户赚钱”的目标。

马云坚信，这个世界上可以有很多比阿里巴巴更挣钱的公司，但是能够为社会创造更多的价值，能够帮助更多的家庭和企业越来越成长的企业却不多，而阿里巴巴就是要做这样一家对社会做出贡献的公司。基于这一理念，马云坚决将阿里巴巴的经营理念确定为客户第一、员工第二、股东第三。

把客户放到第一位，却把股东排在了第三位，这是大多数上市公司想都不会想的事情。

很多人都质疑马云的这一理念，认为他把股东放在第三位会造成企业矛盾，有一个投资者表示非常不理解，问马云如果股东第三，那他还来上市干什么？马云是这么回答的：“这世界有很多‘股东第一’的公司，但是阿里巴巴坚信‘客户第一’，因为客户给了阿里巴巴钱，阿里巴巴才能成长，股东的钱并不是公司的收入，而是股东对公司的信任，所以公司的目的应该是为客户创造价值，然后让客户给你钱，而由于员工是让这些目的实现的执行者，没有员工的创新和辛勤努力，公司就不会有很好的收入，所以员工要排在第二位，股东只能排在第三位。”

实际上正是如此，如果企业连自己的客户都没有服务好，就想要做天下的生意，是做不起来的，只有客户满意了企业才能够长久。

只有诚信的人才能富起来

马云指出，目前中国电子商务发展的桎梏，仍然是诚信体系的不完善。要想带动整个互联网演进到“网商”时代，必须有完善的诚信体系护航。诚信是摆在中国电子商务面前的一道阻力和一座独木桥，必须要过。

关于信息流诚信体系建设的重要性，马云有充分的认识。他说：“这几年坚持走的一条路，就是把所有的信息聚集在电子商务网站上，特别强调的一点是，在信息流之间必须关联到诚信体系的建设。如果诚信体系不建设好的话，电子商务信息流就会变成毫不值钱的信息。”

马云很善于发现问题并寻求解决办法，关于阿里巴巴怎样构建自己的客户诚信体系，团队当时作了很多种设想，最终马云确立了一种模式。2002年，他力排众议创造了中国互联网的企业诚信认证方式——诚信通。如果说，这种方式在普遍讲诚信的发达国家是多余的，在中国则是恰逢其时。

他为阿里巴巴设计了一个口号：“只有诚信的商人能够富起来。”随着电子商务的发展，社会诚信体系就会成为制约电子商务的最大问题，因为电子商务是在网络平台中进行的，网络意味着虚拟，在这样虚拟的环境中，如果人人都用假的产品来交易是很难监管的，这就需要生意双方都要有诚信意识。所以说在这个虚拟的环境下进行交易，没有诚信是做不成生意的。

马云还发现中国和美国在电子商务领域有着相当大的差异，经过调查，他发现美国的电脑普及程度和互联网的覆盖程度都是中国远远达不到的，而且最重要的是美国的电子商务有着良好的社会基础，美国的社会诚信体系发展得比中国早很多，所以体系十分完善，而相比之下中国的社会诚信体系刚刚起步，所以需要建设。马云身为一个地道的中国商人，很了解中国商人的心理，中国人做生意前往往就会怀疑“我的生意对象是不可信任的”，他要在多次接触后才能建立起基本的信任感，这就要浪费大量的时间和金钱，成本很高。而马云的目标是在这个交易平台上建立起一个诚信体系，让人们在交易时省去最初的“怀疑”，最大可能地节约成本。

马云把诚信通定义为一个很管用的电子商务活档案。其介绍性资料上是这么定义的：它是阿里巴巴首创的交互式网上信用管理体系，它结合传统认证服务与网络实时互动的特点，将建立信用与展示产品相结合，从传统的第三方认证、合作商的反馈和评价、企业在阿里巴巴的活动记录等多方面、多角度、不间断地呈现企业在电子商务中的实践和活动。总之，只要是企业在阿里巴巴上任何一个小动作，无论是好的还是坏的，诚信通都会像档案一样如实地记录下来。这样的档案是公开的，谁都可以看得到。

“诚信通”也是一种信用评价机制，它与其他信用评价机制相比有着很显著的特点：政府部门、银行和不少社会机构都有信用评价机制，但这些信用资料既没有形成网络，也不公开。阿里巴巴对申请成为诚信通会员的客户有严格的审核程序，企业的资料，除了它的资质，还包括它提供的别人对它的评价和其他会员对它的负面评价，都会在网上公开，而且不会删除，一个诚信通客户想要了解另一个客户只需要上网看一看就行了。

阿里巴巴的机制是一种扬善惩恶的机制，会用优先排名、向其他客户推荐等方式来奖励那些诚信记录好的用户。诚信通刚推出时，外界很多人都在质疑马云：“在一个大的社会诚信体系没有建立起来前，阿里巴巴是否能以一己之力建立起这个诚信机制？”马云是这样回答的：“在阿里巴巴的游戏规则下游戏，就一定要遵守这个机制。也许三年之后，阿里巴巴的诚信通业务就会变成一个新的行业标准；在做生意的时候，大家会把对方是否是诚信通的用户作为考量因素。”

诚信通可以使人们轻松地知道对方的商业信誉记录，方便双方交易时互相了解，以减少自己在交易中上当的可能性。阿里巴巴的商家为了证明自己的商业实力及维护自己的商业诚信，就非常有必要使用诚信通。如此一来，所有的客户不管愿意还是不愿意，都需要用诚信通来证明自己的诚信。

诚信通要想顺利实施，倡导者首先要坚守诚信。在公司开会的时候，马云做了一个决定：如果阿里巴巴推诚信通，就要愿意接受诚信通的考核，哪怕阿里巴巴只有两个诚信通会员，马云自己也要去做一个诚信通会员。后来阿里巴巴的会员越来越多，很多会员在自己的名片上印了诚信通的标志。

结果显示，诚信通会员的成交率从47%提高到72%。于是，从2002年开始收费，年付费用2300元的诚信通成了阿里巴巴赢利的主要工具，45000个网商的营收源让阿里巴巴当时日进100万元。

2003年10月，马云更进一步，又利用支付宝在淘宝推出担保交易模式，为买卖双方提供了安全保障，深受买家的欢迎。

相对于国外的信用体系来说，要把现实中的支付搬到网上交易中去，中国的信用卡和银行制度存在着巨大的问题。在当时的中国，手持现金几乎是最主要的支付方式，即便在大宗交易中，人们依然离不开现金。而这个现象的背后，是银行信用的缺失，交易的安全缺乏保障。在小宗商品的交易中，信用问题可以通过“一手交钱、一手交货”来解决。但在电子商务中，“一手交钱一手交货”是做不到的，如果要把电子商务做大，物和钱就必须分开，电子商务不可能让网上的卖家拎着货到买家那里去收钱。

支付宝出现以前的电子商务流程中，买家和卖家在大部分情况下是不见面的。物流主要通过物流公司来解决，买家上网看中了货以后，双方可以通过诸如电话、网上聊天工具等手段来解决交易过程。然后买家把钱打到卖家的银行账户中，卖家在收到钱以后把货发出。

在这个看似简单的过程中，买家承担着很大的风险。因为当他把钱汇给卖家的时候，他已经把交易主动权完全让给卖家，尤其是在双方采用网上聊天工具交流的时候，卖家经常会采取注销自己号码的方式，拿了钱却不给货。这种交易的不安全性让众多想从网上买东西的人收了手。但是如今有了支付宝，买家先把钱打到支付宝里，然后卖家发货，等到买家确认收货之后，支付宝才会把钱打到卖家的银行卡里。这样的方式保证了交易双方的利益，得到买卖双方的一致好评。

马云做的这一切，都是为了建立和维护一个良好的电子商务的信用体系，如今看来，他做到了，而且做得非常好。

做企业，靠的不是专业水平

今天的马云如此成功，今天的阿里巴巴成功在美国纽交所挂牌上市，马云也一跃成为互联网业界翘楚，但是有谁能够想到，马云其实是互联网的门外汉。

马云自己本身并不懂电脑编程、网页设计，但是他对互联网有热情和激情，并且他很有眼光，他知道互联网是未来发展的大趋势。一个不懂互联网的人怎么经营一家互联网公司呢？难道不担心下属欺骗他吗？其实，领导不用有多么强的专业本事，而是要知人善用，善于挖掘员工的价值，做到物尽其用、人尽其才，而马云就是这样一个优秀的领导者，不靠专业的网络知识和技术，一样能够经营管理互联网巨头公司阿里巴巴。

首先是信念。马云的强项其实是英语，是偶然的美国之行才使得他和互联网有了亲密接触。而对互联网一窍不通的马云之所以会选择互联网，是因为他自己对互联网的信念。马云一直坚信，互联网和电子商务是未来发展的大方向。互联网战役是一次长征，我们要看到远处的胜利果实，要坚持，虽然做的人会越来越多，但是能够坚持下来的人肯定不会太多，我们要拼耐力、拼信念。就像20世纪初的美国，当时汽车刚刚被发明出来，所以大家一窝蜂似的开汽车厂，但是经过市场的检验和竞争，最终只有像福特、通用这样的大公司坚挺了下来。马云知道互联网和电子商务不会在短时间内收获巨大的胜利果实，这是一场持久战，这场战役，只有心中坚定、眼界高远，才能镇定自若地稳定发展。马云的这种信念，在公司里慢慢地形成了一种精神，一种企业文化，它潜入到每一个员工的内心，让他们踏踏实实地为公司工作。独木不成林，一个马云就算是互联网天才也不可能建立像阿里巴巴这样的商业王国，互联网专业人才有很多，如何把这些人凝聚在一起，让他们为公司的发展共同使劲，才是马云应该做的事情。

一个网页设计人员，他可能想的就是如何把这个网页设计得美观又实用，吸引客户购买。一个网络编程人员可能想的就是如何高速地把这个程序编完，早点回家休息。而一个领导人，他应该想的是公司的未来，是清晰的计划，然后让下面的员工去实现他的计划。马云就是一个非常有计划的人。马云有梦想，并努力实现梦想，而实现的方法就是有计划地一步步地靠实力来实现。在阿里巴巴还非常弱小的时候，马云没有急功近利，没有贪吃，而是在慢慢积蓄力量，因为他非常明白，这是一场持久战，刚开始的时候落后一些没有关系，后来的路段才是要发力冲刺的重点。

要为公司的长远发展负责，要为这个企业确定好最重要的事情，一是公司理念，二是发展策略。说起阿里巴巴的公司理念，马云提出过自己做企业的“三大不变”：一是愿景目标不变，二是价值观不变，三是使命不变。当然后来马云对于目标做出了符合时代发展潮流的改变，但是发展互联网、发展电子商务的大目标不曾改变。再说发展策略，马云非常会审时度势，在社会主义市场经济的洪流下，他能够灵活应对，适时调整战略。1999年的时候，马云的策略是开拓海外市场；2000年的时候，马云谈到中国互联网的过去和未来，他认为当时最关键的是赢利；2001年的时候，马云又强调中国概念，提出新名词“B2C”——back to China。

马云做企业，靠的不是专业水平，马云曾说，做任何企业都要具备三个特质，即有眼光、有胸怀、有实力，这也是马云和金庸老先生在谈论《笑傲江湖》时共同探讨出来的一些观点。即何为笑？何为傲？什么人能笑？什么人能傲？做企业，想笑，就要有眼光，有胸怀。想傲，就要有实力。要多看多想，多和高手交流。

马云不懂技术，没有钱，因为不懂，所以出着往往没有章法，让对方找不到头绪。马云知道别人的优势，知道自己的短板，正因为知道自己弱小，所以就会非常有压力，有很强的求生的欲望，创造性也就会大大增加，而创新往往创造奇迹。

技术永远都在不断地翻新进步，永远都有新的技术人才在不断地涌进，掌握一门技术只能保证你有份工作，不会饿死，但是要想做一个企业的领导者，靠技术是不够的，或者说技术并不是一个领导者必需的素质。像马云，一个互联网的门外汉，也能够将阿里巴巴经营管理得井井有条，这靠的就是眼光、信念和战略。

打破常规，不走寻常路

马云在1994年底第一次听说互联网，但是由于讲述互联网的人也不是很懂，所以马云也是似懂非懂。直到1995年，马云在给一个浙江省的企业做翻译的时候，有一个机会去美国，这才真正接触到了互联网。

也正是那一天，马云认识到互联网有非常巨大的潜力，可以改变整个世界。他知道互联网会改变中国，但是具体的改变细节马云也说不清楚。

不少创业者在最初创业时，都愿意去模仿那些大公司，他们觉得大公司的模式是成功的。甚至不少出身大公司的人，会在自己创业的时候，不自觉地按照大公司的做法建立一些规范制度，等等。

马云和一般的创业者不同，他敢于去创造新的条条框框。在互联网还没有在中国发展起来时，马云心中就已经有了自己的想法。美国之行让马云找到了未来的道路，也正式踏上了创建电子商务的大道。回国之后，马云召集他的朋友，创办了中国黄页。而在中国这个互联网远远没有普及的地方创办互联网公司，很多人觉得马云这是违反常识的。但马云觉得自己是在创新，两年后，中国黄页的收益达到了600万元人民币，而且中国对外经济贸易部邀请他出任中国国际电子商务中心的咨询部主管。

马云一直认为要想做世界级的大公司，首先就要去大城市里看一看，感受一下大城市的商机。杭州虽然不小，但是相对整个世界来说还是一个小城市。所以他十分重视这次到北京工作的机会。在北京的两年时间，马云学习从全国的角度看问题，眼光更宽，经验更多，同时也更了解全国企业电子业务发展的趋势。

在北京的两年，马云做得十分优秀，在他的领导下，中心的资讯交流组在1998年的业务收益达到540万元人民币，纯利达290万元人民币。但是马云并没有忘记自己的目的，他一直在思考电子商务的发展方向。

马云开始怀疑，互联网当时的收入模式“不一定很对，不一定是最好的”。马云想象中的模式应该是非常自然的，应该像自来水一样。人们最早发明电的时候，谁都想不到怎么去靠电赚钱，但现在人们用电就很正常。他认为互联网以后会发展到“你收费，他交费”是很正常的模式。

对于怎么去赚钱的问题，马云的看法和当时的众多互联网企业并不相同，他有自己的一套理论：“我不希望只完成10%至15%的工作，我们就想我们需要赚钱，这是不对的。我觉得要从中滚出钱来，方法很多，但时间还没到。到了有一天这个网络有500万个会员的时候，还有什么钱是赚不到的？”

1999年，他突然蹦出一个想法——亚洲要有自己的模式，中国要有自己的模式。欧美的电子商务市场是针对大企业的，亚洲电子商务市场主要在中小型企业，这两种市场不可能用一样的模式。马云决定创办一种全新的商务模式，于是1999年，阿里巴巴网站应运而生。

马云身边的人对他有这样一个评价：“这个人如果三天没有新主意，一定会难受得要死。”马云思维的活跃程度从中可见一斑。连他自己也说：“如果我失去了创造性的思维，那我这个人就一点价值也没有了。”

创立阿里巴巴网站，对马云来说是一种全新的创造，是对以往互联网模式的一种突破。所以他觉得哪怕失败了，也是一种成功。马云认为，互联网能够发展到今天，离不开技术，没有技术创新的互联网一切都是空话。马云说：“在阿里巴巴公司内部，我们没有把技术人员放在第一线，但是在我们的心里面，技术人员永远是我们公司最重要的资源。我坚信一点，在未来的5到10年内，中国一定会成为世界互联网市场最大的国家。”

马云认为真正的互联网公司必须具有创新的能力，不能被条条框框所拘束。阿里巴巴首席技术官吴炯甚至认为，是技术引领了商业模式。他说：“互联网的出现，把一切都打乱了。过去业内对互联网的看法就如当年对软件企业的评价一样，普遍认为尖端技术对于互联网企业毫无价值，但谷歌的成功案例使人们猛然发现，实际上在互联网产业，技术发展是如此重要，凭借技术的优势，能够在行业里树立最大的技术壁垒，可以获得产业最有价值的利益链条，技术已经改变了原有的产业链条。”

阿里巴巴能成为在全世界B2B领域里的第一位，无论访问量、客户数量都是第一位的，原因很简单，阿里巴巴是对以往的电子商务模式的创新，它打破了美国电子商务模式的框架。以往美国都是为大企业服务的，要为大企业服务是很难的：第一，等到它搞清楚怎么做的时候，它往往会自己做，它会把你甩了；第二，美国的电子商务都是为大企业省钱，而马云认为中国要为中小企业服务，因为中国的中小企业很多，中小企业最需要帮助。就像你可以造别墅，但客户群是有限的，但当你造很多公寓的时候，就有很多人愿意住。所以马云是造公寓，为中小企业服务，中小企业你不能去想办法帮它省钱，因为它的钱已经省到极致了。

马云对中小企业进行了详细的调查，他发现，中小企业商人头脑精明，相当务实，“他们才不管你什么战略不战略，能让他赚更多钱的东西他就会用”。如果把企业也分成富人穷人，那么互联网就是穷人的世界。因为大企业有自己专门的信息渠道，有巨额广告费，小企业什么都没有，它们才是最需要互联网的群体。而马云就是要领导穷人起来“闹革命”。

很多人想知道马云为什么这样受人尊敬。其实最重要的就是马云的创新思维，这个曾经号称“智慧与长相成反比”的男人，数年精心布局成就今日一番大业。看马云以往的创业历程，他每次都是不走寻常路，每次出手都会打破常规，所以马云创建了阿里巴巴的辉煌，得到了创业者的尊敬。

苦难是最大的财富

创业的路其实是一条不断经受打击的路，所以在开始创业的时候就要做好不断摔跟头的准备。马云在迈上创业道路第一步的时候，就已经做好被拒绝、被嘲讽的准备，甚至他已经有了“被所有人抛弃”的觉悟。

马云在做中国黄页时就知道，创业从来都是艰辛的，开创一个崭新的产业，创造一个崭新的商业模式，是一件充满风险充满挑战的事，在一片蛮荒之地进行开拓式创业就更加艰辛。其开拓者不管是成为占尽先机的成功的英雄，还是成为异常悲壮的失败的先烈，他注定要经受磨难和艰辛的锻造，注定要成为不被理解的那个人。

1995年的上半年，中国黄页还在艰难地生存着。那时，中国还没有开通互联网，人们对互联网还一无所知，马云他们推销的实际上是一种在国内还看不到的商品。凭借着几份美国寄来的打印纸和一个美国电话，并不能让所有的客户信服，而且怀疑马云是个骗子。

同时，在创建中国黄页的几年中，马云至少被骗过四次。骗他的不仅有商人，有企业，有机构，甚至还有媒体。被骗的经历并没有让马云放弃自己的希望，而是一步步地再次爬起来，把教训变为经验。

1995年12月，马云北上失败，把新闻、体育、文化装进中国黄页的计划泡汤，把中国黄页变成中国雅虎的壮志落空。在1996年初，中国黄页的一时取胜，并不能化解公司面临的危机。资金匮乏、资源匮乏、信息匮乏，身处杭州的中国黄页要想完全摆脱西湖网联的阴影也是不现实的。

为了生存，为了长远发展，为了得到资金支持，也为了背靠大树好乘凉，马云决定与西湖网联合资。中国黄页将资产折合人民币60万元，占30%的股份；西湖网联所属的南方公司投资140万元，占70%的股份。在合资后的股份公司中，马云仍出任总经理，但大股东肯定是南方公司。

对于10万元人民币起家、长期患资金饥渴症的中国黄页来说，140万元是一个无法想象的数字。有了充足的资金支持，中国黄页业务扩展大大加快，到了1996年年底，中国黄页不但实现了盈利而且营业额突破了700万元。

但令人失望的是，几个月后，马云带人去外地拓展业务，等再回到杭州一看，南方公司自己又注册了一家全资公司，名字也叫“中国黄页”。为了利用中国黄页已有的品牌声誉，南方公司建立了一个网站，和中国黄页相似，而且中文名字都叫中国黄页。于是杭州有了两个“中国黄页”。

新黄页利用老黄页之名开始和老黄页竞争。两家黄页一个套路，做一个主页，你收5000元，他就收1000元……马云看到自己多年的心血被人糟蹋非常心痛，为了保住中国黄页，为了迫使对方关掉新黄页，他愤然辞职。

此时马云才明白，所谓的合资只是一个圈套。“因为竞争不过你，才与你合资，合资的目的是先把你买过来灭掉，然后去培育他自己的100%的全资黄页。”两年多来，马云带领黄页团队一步步地壮大，好不容易打出一片天地，到头来却不得不看着自己一手创办的黄页为别人所主宰、所掌控却无能为力，个中的痛苦滋味是一般人所无法想象的。

虽然遭此重大挫折，但马云没有气馁。创业以来，他承受的各种白眼和闭门羹难以计数，早已锻炼得无比坚韧，他很快又寻找到了新的方向。1997年10月，马云偶然认识了外经贸部的王建国。不久，久闻马云大名的外经贸部中国国际电子商务中心诚邀马云加盟，共创大业。

马云经过认真的考虑后，终于决定二次北上，毕竟外经贸部这棵大树比杭州通信粗多了，但真正使马云下决心再次北上的原因，还是EDI的业务与马云的电子商务情结之间的联系。

离开中国黄页对马云来说等于是放弃了一次自己的梦想，毕竟中国黄页曾是他的所有事业和未来。但马云相信他可以带着梦想重新起航，而且比以前还要成功。这一次，马云把他的部分团队带到了北京，可谓移师京城易地再战。

虽然这次马云和他的团队在北京只待了一年零两个月，但是他们做成了许多事：成功地推出了网上中国商品交易市场、中国招商、网上广交会和中国外经贸等一系列站点。其中，外经贸部站点成为国内部委中最早上网的政府站点，也是1999年中国“政府上网工程”的推荐优秀站点；网上中国商品交易市场是中国政府首次组织的互联网上的大型电子商务实践，被当时的外经贸部部长称为“永不落幕的交易会”。同时，马云还与雅虎杨致远合作，使国富通成为雅虎在中国的独家广告代理。

马云团队的北京二次创业，业绩是很明显的：国富通和中国商品交易市场网站，都是当年创建当年盈利，而且纯利高达287万元。北京的二次创业似乎是成功的，新公司和新网站势头不错，工资很高，团队很团结，大家很开心。

但这次马云还是失败了。他并没有找到实现自己电子商务梦想的方法。1998年年底，马云突然向大家宣布：“我要回杭州了！”

从1995年到1999年这五年里，马云经历了无数艰辛、苦难、挫折和失败。1999年年初，回到杭州的马云决定创办一家能为全世界中小企业服务的电子商务站点。马云和最初的创业团队开始谋划一次轰轰烈烈的创业历程。大家集资了50万元，据点就在马云位于杭州湖畔花园的100多平方米的家里，阿里巴巴就在这里诞生了。

过去经历过的那些挫折给了马云很多经验，也把马云和他的团队磨炼得非常强大，再做起相关的网络事务，马云和他的团队早已驾轻就熟。

2000年，阿里巴巴创建仅仅一年，马云就已成为中国五大著名网站的掌门人之一。但他与王志东、张朝阳、王峻涛、丁磊四位掌门人的最大区别是：马云是第二次创业，东山再起，相比这四位初次创业即首战告捷的掌门人，马云比他们多了五年的磨砺。

马云说：“五年苦难是我们最大的财富，也是成功的重要原因；别人可以拷贝我们的网站，但无法拷贝我们五年的苦难。”的确，不追溯这五年历经的苦难，就难以探求阿里巴巴成功的原因。

不贪心，只做信息流

马云认为企业在最初创业时一定不能贪多、什么都想做，只要坚持做好一方面就行了。在创立阿里巴巴时马云就坚持着这一点，他要求阿里巴巴的运营模式要遵循循序渐进的原则，依据中国电子商务界的发展状况来准确定位网站。

与亚马逊和8848网站在信息、物流和配送几个方面全线出击的模式相比，马云始终认为电子商务的特质就是信息流的整合。阿里巴巴不做电子商务全过程即交易前、交易中、交易后，而只做交易前，只做信息流。信息流在电子商务中处于非常重要的地位，由于中国的情况比较特殊，互联网还处于刚刚起步的阶段，信用环境不好，所以马云和他的创业伙伴们开始做阿里巴巴的时候，就避开资金流和物流，只做信息流。

马云当时仔细地考察过中国的电子商务现状和前景。我国没有沃尔玛这样的企业，不具备完善的物流和配送，我国的有些企业做到几十亿元的规模，但仍在赔钱，就是因为摊子太大，不好管理。如果电子商务不能依靠信息流盈利，那还做什么电子商务?

马云认为在很长一段时间里，中国电子商务只能做信息流。马云还告诫其他人："如果有人告诉你我能帮你做信息流，还能做资金流、物流，我觉得他是在说谎。现在没有一家公司能够把信息流、资金流、物流结合在一起。不是技术做不到，而是很多东西没有具备，没有准备好。”

在阿里巴巴成立后，马云唯一考虑的事情就是做好信息流。有一次一家消费品公司找马云咨询如何选择供应商，那家公司是欧洲少数几个最先使用计算机的公司之一。马云和他们在谈的时候，他们当中的一位先生说：“我们做决策时最后一个考虑的因素是：我是否信赖这个人？”马云问他为什么，那个人回答说：“因为每当你陷入某种危机时，你靠的是你的供应商帮助你来摆脱困境。那种眼睛里只有金钱的供应商和那些将客户关系放在第一位的供应商之间有很大的不同。这些事情是亘古不变的。而判断力正是计算机无法逾越的障碍。”因此，这就需要电子商务公司来解决信息流的问题。

为了完善阿里巴巴电子商务的信息，在很长一段时间，马云想尽办法吸引商家加入阿里巴巴这个网上市场。放低准入门槛，以免费会员制吸引企业登录平台注册用户，从而汇聚商流，活跃市场。果然会员在浏览信息的同时也带来了源源不断的信息流，创造了无限商机。由于市场竞争日趋复杂、激烈，中小企业当然不肯错过这个成本低廉的机遇，它们希望利用网上市场抓住更多商机。

2001年，为了完善阿里巴巴网站信息中的不足，阿里巴巴推出了“中国供应商”服务，满足那些让渴望自己的信息在阿里巴巴这个大市场中更显眼的供应商们的要求，向他们收取至少4万元的年费。

“中国供应商”作为一项服务就是帮助中国中小企业走出国门，和更多国际供应商携手合作。在互联网出现之前，这些企业更多的是依靠商品目录、指南、贸易展和合同等来寻找和国外合作的机会。然而，这个成本是高昂的，这些中小企业要获得订单需要付出更高的代价。互联网问世以后，一些中小企业得以通过网络与千里之外的买方不受限制地互通信息。然而，当网络信息开始泛滥，这些网站很快就被淹没，因而访问它们网站的外贸客户几乎没有。

“中国供应商”实际上就是马云在网上建立的一个虚拟市场。马云对这个市场做过一个比喻：“我认为办一个市场就是办一个舞会，舞会里面有男孩子、女孩子，如果要把他们都请进来很难。所以我们的策略就是先把女孩子请来，再把优秀的男孩子请进来，这个市场就会越来越大。在欧洲、美国我做了很多的产品，让大家知道中国会成为世界的制造基地，并希望在网站上进行交易。”

很快，阿里巴巴成功地吸引了大量西方商户。阿里巴巴给“中国供应商”的普通会员在网上提供一个网络空间，客户可以在上面发布产品的信息以及10张产品图片，同时阿里巴巴会将其按行业收录进不同的光盘中，定期参加国外的一些展会，提供样品展示、行业手册推广、供应商光盘和买家匹配服务。“中国供应商”的高级会员除了享受以上的服务外，还能享受一项在阿里巴巴内部的信息排名服务，会员可以为公司制定八个关键词，还可以为每个产品制定三个关键词，当买家搜索这些关键词时，可优先看到其产品信息。

同时，在售后服务方面，阿里巴巴后台可以追踪其信息的反馈量，如果会员连续几个月的信息反馈量不佳，工作人员将主动联系该会员，并帮助其进行调整，修改制定方针。另外，阿里巴巴还为会员提供一些关于外贸基本礼仪、常识等方面的服务。不仅如此，为了提高客户的诚信度和盈利水平，阿里巴巴还组织了诸多培训，这些培训主要由供应商培训、百年会员培训，以商会友俱乐部和会员见面会等组成。

马云在做信息流的过程中，很清楚地认识到了信息流诚信体系建设的重要性。他说：“我们这几年坚持走的一条路，就是把所有的信息聚集在电子商务网站上，特别强调的一点是，在信息流之间必须关联到诚信体系的建设。如果诚信体系不建设好的话，我觉得电子商务信息流就会变成毫不值钱的信息。”

马云很善于发现问题并寻求解决办法，关于阿里巴巴怎样构建自己的客户诚信体系，马云团队当时作了很多种设想，最终马云确立了一种模式，即诚信通。

在2005年的电子商务研讨会上，马云对他的这一观点进行了进一步的阐述，他认为中国电子商务目前仍还停留在信息流阶段。交易平台在技术上虽然不难，但没有人使用，企业对在线交易基本上还没有需求，因此做在线交易意义不大。

马云正是认清了当时中国的现状，所以让阿里巴巴将全部的精力都聚集在了做信息流上，迅速地做大做强。反观与马云同一时期开始从事电子商务的很多同道们，由于没有搞清楚电子商务的实质，既做信息流又做资金流，有的甚至已经开始做物流，但最终因为胃口过大而半路夭折。从某种意义上说，阿里巴巴的成功就是因为它把目标建立在一个可以操作的范围之内，分阶段地实现自己的企业目标。

价值观才是前进的动力

马云深知价值观对于一家企业的重要作用，这是企业的一种文化软实力，也是让企业传承发展的重要条件。因此，马云在创办阿里巴巴之初，就为阿里巴巴设定了独特的价值观：共同实现创业的梦想，一起实现改变历史的梦想，一起实现创造财富的梦想，一起实现分享财富的梦想。

阿里巴巴在2000年推出了名为“独孤九剑”的价值观体系。“独孤九剑”的价值观体系是指群策群力、教学相长、质量、简易、激情、开放、创新、专注、服务与尊重九个元素，马云把它称为“独孤九剑”。随着阿里巴巴的不断发展，阿里积累了越来越多的企业文化经验，又将这九条精炼成目前仍在使用的“六脉神剑”：客户第一、团队合作、拥抱变化、诚信、激情、敬业。对阿里巴巴来讲，有共同价值观和企业文化的员工是最大的财富，阿里巴巴正是在这种认识的高度中不断地完善其企业文化建设。

1999年2月21日，阿里召开了员工大会，想要统一阿里巴巴员工的思想。虽然最终并没有完全达到统一思想统一方向的目的，甚至连阿里巴巴采用的模式都没有形成共识，但这次会议的意义依然深远，它揭开了阿里巴巴历史的一幕。

在这之前，在湖畔花园，关于阿里巴巴模式的争论进行了好多次，阿里巴巴究竟要宣扬什么精神，究竟要在企业内形成怎样的氛围，当时马云的团队一直在争论这些。这些争论有时非常激烈，有时相当情绪化。事后马云说：“湖畔花园那段时间，我们争论的东西太多了。有的时候争论过了头，个人情绪化的问题都爆发了出来。所以我们提出了一个价值观，叫：简易。非常简单。我对你有意见，我就应该找你，找到门口，谈两个小时，要么打一场，要么闹一场，我们俩把问题解决掉。如果你对我有意见，你不来找我，而是去找第三方的话，你就应该退出这个团队。”马云在这里提出的简易，后来成为阿里巴巴九大价值观即“独孤九剑”中的一个。简易后来又引申出：直言有讳。

“直言”是阿里巴巴从一开始就提倡的文化。在同事之间、团队之间，提倡开诚布公，提倡有话直说，提倡面对面解决问题，提倡同事之间的事情放到台面上来解决。不搞阴谋，不搞小动作，不搞背后串联，不搞拉帮结派，不搞小集团、小宗派、小山头。

“有讳”就是说话时要有所顾忌。要客观、冷静，不要情绪化，不要感情用事，归根结底不要伤害同事，要尊重同事的原则和底线。

马云提出的这种“男人的方式”或曰“男子汉的方式”，得到了广大阿里员工的尊重，以后在阿里巴巴团队中屡屡使用，帮助团队避免了很多不必要的矛盾和摩擦。这种方式慢慢演变为团队的习惯和风格，最后沉淀为企业的文化。

马云这种简单、开放价值观的提出和确立，对于阿里巴巴团队建设至关重要。它使阿里巴巴基本杜绝了“办公室政治”，杜绝了同事之间的钩心斗角，大大减少了交流沟通成本，减少了企业内部的损耗，大大增强了团队的凝聚力和战斗力。

为了维护好阿里巴巴的企业文化，阿里在选择员工时首先看的就是员工的个人品质。马云深知一些不接受企业文化的员工，会在工作过程中带着一种负面情绪，而且会不断地对周围的人尤其是对一些新人产生非常不好的影响。马云在母校杭州师范大学里演讲时这样告诫学弟学妹们：“有些年轻人经常一上班就一个劲儿地抱怨：真没意思，待在这里工作真没意思！我就奇怪了，既然没意思，为什么不辞职呢？这就是没有敬业精神。

很多人一离开一个公司就开始骂这个公司，这样不好，那样不好。我建议学弟学妹们，如果发生什么事情离开一个公司时，不要抱怨，抱怨只会让你更不受人尊重，这是没有职业道德修养的一种体现。”

阿里巴巴在不断的发展壮大中招聘了不少员工，因而有人担心员工的快速扩张会引发企业文化——“六脉神剑”的稀释。所以阿里巴巴在招聘人才的时候就对这个问题进行了很好地预防。在面试应聘者的时候，马云会给所有考官开会，给考官最核心的任务就是“看人”。

在马云眼中，新员工的业务能力并不是最重要的，这些能力是可以在后期进行培养的，马云所看重的是新员工能否接受企业的价值观和使命感，能不能融入企业，是否诚信。而那些业务能力出色，但是价值观与企业不同的员工，阿里巴巴是不会录用的。

为了让企业文化更加凝聚，马云还很注重对新员工的价值观培训。马云深知不论价值观再好，这么多新员工的加入，也会面临企业文化被稀释的问题，所以在新员工加入阿里巴巴后，公司内部都会对这些员工进行培训。马云是想通过招聘和培训，使企业文化被稀释得少一点，然后再慢慢恢复过来。

阿里巴巴把企业文化贯彻到各个阶段，使企业文化融入每个员工的生活和工作中。通过招聘，阿里巴巴筛选出了具有相同价值观的人，而这还只是一个开头。为了贯彻企业文化，对新入职的员工，阿里巴巴会提供一系列企业文化方面的培训，主要包括对普通员工的百年阿里、百年淘宝培训，以及针对销售人员的百年诚信、百年大计培训。阿里巴巴还特意为新员工设置了三个月的师傅带徒弟和HR关怀期，而新员工在入职6～12个月的时候还可以选择“回炉”接受再培训。这是一些硬性的规定。

但如何才能让员工们发自内心地认同，甚至“爱上”阿里巴巴的企业文化呢？员工所在部门在这个问题上担负着重要的责任。很多企业的文化理念只是挂在墙上，而阿里巴巴则一直主张：企业文化要做到“润物细无声”，不要挂在墙上，而要印在员工心里；不依靠任何大张旗鼓的宣传，而要在细节处施予点点滴滴的影响，浸润每一个员工的心灵。

阿里巴巴从最初的18人的创业团队发展到上千人的团队，企业文化的力量至关重要。一个18人的创始团队，经历五年风雨，依然不离不弃；一个上千人的团队，能够无宗无派、精诚团结，在中国近乎天方夜谭。

马云一直把企业的价值观看作阿里巴巴的原则和底线。当阿里巴巴收购雅虎中国时，马云曾明确指出："有一样东西是不能讨价还价的，就是企业文化、使命感和价值观。"

如今提到阿里巴巴，人们首先想到的往往并不是记忆中那个和"十八大盗"相关的异域小伙子的故事，而是那个在国际互联网上演绎的中国传奇——全球国际贸易领域最大的网上交易市场和商人社区，全球企业电子商务的第一品牌。阿里巴巴成立以来，一直在创造着奇迹，而这些奇迹的背后就是阿里优秀的价值观在支撑着企业不断地前进。

做一名勇敢的追梦者

马云是一个有激情有梦想的带头人，他是一个为了实现创业梦想而不懈奋斗的追梦者。回顾自己的过往，马云总是告诫创业者，要想成功首先要坚持自己的梦想。在创业的过程中一定要时刻铭记创业的初衷，要想想为何要创业，坚定自己的选择，坚持自己的理想，为了实现创业梦想充满激情地迎接一次又一次的挑战。他是这样说的，也是这样做的。

“1995年，我发现互联网有一天会改变人类，可以影响人类的方方面面，它到底该怎么样影响人类？这些问题我在1995年没有想清楚，但是隐隐约约感觉到这是将来我想干的。我请了24个朋友到我家里，大家坐在一起，我说我准备从大学里辞职，要做互联网，我花了将近两个小时来说服24个人，两个小时以后，大家投票表决，23个人反对，1个人支持。但是我经过一个晚上思考，第二天早上我还是决定辞职去实现我的梦想。”面对采访，马云坦言自己创业时勾画的最初蓝图。尽管这个梦想还很稚嫩，尽管这个蓝图并不成熟，但是马云认定了这就是他一辈子要为之奋斗的事业。一旦认准了自己的梦想，马云就不再犹豫、不再徘徊。他第二天立即辞职创业，充满激情地面对未来，做一名勇敢的追梦者。

马云绝不是一个轻言放弃的人，即便被别人认为是疯子是骗子，马云也充满激情地追逐着自己的梦想。回顾阿里巴巴的创业历程时，马云总结了企业创新发展的无数经验，其中最重要的一条就是：坚持自己的理想。

创业者一定要知道自己在做什么，一定要坚信自己是正确的，这样才会有成功的可能。在原则面前不能妥协，在诱惑面前不能迷失，在压力面前不能沮丧。明确地知道自己想干什么、该干什么，然后再对自己说，我能干多久、我想干多久，这件事情该干多久就做多久。

马云创业之初，除了梦想，几乎一无所有。他无权无势，没有背景没有资金，没有名牌大学的出身也没有留学海外的镀金学历，甚至没有专业的计算机知识。梦想，是马云创业的缘起，但创业却不能仅仅止于梦想，要给梦想一个实践的机会，要为实现梦想而激情澎湃地战斗。

一旦确立了梦想，下一步就是实现它。实现梦想的路上马云奉行激情人生，崇尚激情创业，立志于打造激情的团队。在外人来看，阿里巴巴的员工们就像一锅沸水，就像一个个疯狂的陀螺，是马云点燃了阿里巴巴团队的激情，带领阿里巴巴的众人实现梦想。

《福布斯》杂志记者贾斯丁·杜布勒参观阿里巴巴创业时的房子时是这样报道的："20个客户服务人员挤在客厅里办公，马云和财务及市场人员在其中的一间卧室。25个网站维护及其他人员在另一间卧室。像所有好的创业家一样，马云知道怎么样用有限的种子资金坚持更长的时间。阿里巴巴创业初期，马云加班是家常便饭，工作人员也住在离办公室步行五分钟就可到达的地方，大家租住最便宜的民房。"面对这样的创业环境，马云说："我许诺的是没有工资，没有房子，只有地铺，只有一天十二小时的苦活。"每一封邮件都是通过工作人员的个人邮箱发出，阿里巴巴一开始就坚持和客户一对一地在线沟通，阿里巴巴的工作人员几乎痴迷于工作中，用自己的激情点燃了事业的火炬。

精神的力量是巨大的，马云总是用激情去激励人心："就是往前冲，一直往前冲。我说团队精神非常非常重要，往前冲的时候，失败了还有这样一个团队，还有这拨人互相支撑着，你有什么可恐惧的？今天，要你一个人出去闯，你是有点慌，我觉得黑暗中大家一起摸索一起喊叫着往前冲，就什么都不慌了。十几个人向前冲，有什么好慌的！对不对？"有着这样的创业领导者，其他跟随者的精神怎么可能不为之一振！

创业者的激情在马云的眼中永远是不能忽视的，他曾经坦言："创业者的激情很重要。短暂的激情是不值钱的，只有持久的激情才是赚钱的；一个人的激情没有用，很多人的激情非常有用。如果你自己很有激情，但是你的团队没有激情，那一点用都没有，怎么让你的团队跟你一样充满激情，面对未来，面对挑战，是极其关键的事情。"

他经常鼓舞同伴们："我们一定能成功，就算阿里巴巴失败了，只要这帮人在，想做什么一定能成功！""我们可以输掉一个产品，一个项目，但不会输掉一个团队！"

那时，数个月中，马云湖畔花园那套普通住宅人声鼎沸，那里总是彻夜灯火通明，那里总是有人进进出出，每个人都在为自己的未来、为自己的事业、为自己的梦想挥洒着汗水和激情。

在中国，马云无疑是梦想创业最好的样板。他以前的许多让别人认为不可思议的梦想已经变成现实，而后他充满激情地带领着自己的团队，向着那些更为离奇的梦想前进着。因为有梦想，所以从不犹豫；因为有梦想，所以不彷徨。因为有激情，所以从不畏惧；因为有激情，所以一步步走向辉煌。

第八章

“互联网思维”缔造网络神话

在互联网技术日新月异的年代，传统企业的经营已经不能满足大众的需求。一个企业的领导者如果不能适应新一代消费者的消费习惯和感情需求，将会被时代毫不犹豫地抛弃。阿里巴巴所处的时代，可以说刚好赶上了中国网络发展的上升期。网络催生了一个崭新而庞大的产业，带来了巨大的商机。马云运用自己与生俱来的互联网思维，利用这个机遇创造出一个网络神话和商业帝国。

义字当先的“现代侠”

提到“义”字，首先让人想到的是道义两肩担的武侠世界，马云自小就热爱武侠小说，小有侠气。小时候他经常去各个茶馆听杭州大书、苏州评弹，热爱侠义世界的马云分外佩服武生们在台上的好身手，甚至他开始痴迷武术，学起散打和太极拳。

戏剧中的英雄人物和小说中的侠义精神在马云心中埋下正义的种子。武侠小说中主人公仗剑江湖、除暴安良的情节深深地影响了马云，这种影响甚至映射到马云的生活中。

马云的义气之风在他的创业过程中发挥着重要的作用。小说中的大侠身边永远围绕着一群仰慕他的人，而现实中的马云也凭借自己的义气聚拢了一群不离不弃的朋友。马云把友谊放在了重要的位置，他知道如何帮助朋友，更懂得如何营造一个良好的人际氛围，为自己事业发展提供有益的助力。

绿城董事长宋卫平和马云是同乡好友，在绿城破产之际，马云知道自己无法力挽狂澜，但是承诺绝不会对这件事袖手旁观。他号召阿里巴巴的兄弟们都买入绿城住宅，并承诺即日起有意购买绿城房子的员工都可享受等同绿城员工的内部折扣价格。马云甚至亲力亲为组织阿里巴巴员工的看房活动，无论结果如何，马云帮助朋友的事情给大家留下了深刻的印象。

马云在为自己搭建人脉的同时，还善于利用人脉为企业创造发展的空间和有利条件。在阿里巴巴创建之初，马云就倡导并谱写了一个传奇——“西湖论剑”。2000年9月10日，金庸与以王志东、丁磊、张朝阳、王峻涛为代表的当代“网侠”相会于西子湖畔，评论英雄，点评时事，在侠义与执着精神的背景下，尝试探讨中国网络的未来发展。该论坛一经发起就在社会上引起了轩然大波。无数人开始讨论这一事件的同时，也为互联网发展聚集了更多人气，阿里巴巴也因此赢得了更多的支持与更大的发展空间。

马云乐于交友并且热心为朋友排忧解难，使得很多朋友也对他不离不弃。业内提到阿里巴巴，都会高度评价其团队。联众公司CEO鲍岳桥曾经坦言说：“他有一批很能干的人。”阿里巴巴的COO关明生在通用电气担任要职15年；CFO蔡崇信当初抛下美国一家投资公司副总裁的职位，来领马云几百元的薪水；首席技术官吴炯曾经是雅虎搜索引擎和电子商务技术的首席设计师。这些人在阿里巴巴刚刚起步的艰难时期就被马云聚在了一起。马云认为，做小企业成功靠经营，做中企业靠管理，做大企业靠做人。阿里巴巴“十八罗汉”已经成为一个传说、一道风景。正是如此，多年后的今天，马云才站在中央电视台的演播大厅，底气十足地喊道：“天下没人能挖走我的团队！”

上有所好，下有所效。马云的侠义精神和武侠精神也影响着他创办的阿里巴巴。众所周知，阿里巴巴有独特的“花名”制度。大部分员工都会在武侠小说中找到一个名字作为自己的代称。在马云的影响下，连阿里巴巴的企业文化也是用“独孤九剑”“六脉神剑”这样的招数来命名，在企业界可谓独树一帜了。

这种侠义当先的气度使得马云从小到大，从学生到创业者，从失败的谷底走到了成功的巅峰。充满义气的现代侠客聚集着慕名而来的豪杰之士，创造了一个又一个的神话。

最棒的融资——我不要钱

在一个人饥渴难耐的时候，哪个敢说我不要吃的？在一个人寒冷无助的时候，哪个敢说我不需要取暖？在一家企业已经山穷水尽的时候，哪个敢说我不要钱？很多企业家都是“人穷志短”的，如果投资者在企业步入绝境时来送钱，肯定很多人都认为是求之不得的好事。

1999年初的阿里巴巴就是一个走入窘境的企业，在第一笔集资消耗殆尽的困境中，在阿里巴巴最需要资金支援的时候，在湖畔花园马云家中办公的阿里巴巴员工，会经常接到投资者打来的电话。在那个互联网开始疯狂的年代，每一个投资者的电话对这些憧憬着梦想、渴望着成功的年轻人来说都是一杯寒风中的热饮、饥饿时的大餐。可是，马云却一次又一次地与这些实现梦想的机会“擦肩而过”。

在迫切需要资金周转来拯救阿里巴巴的财政危机时，马云却毅然决然地拒绝了三十多家投资方。当同伴对上百万元的投资基金心动不已的时候，马云却冷静地表示自己要考虑考虑，虽然公司已经无米下锅，虽然公司账上已经分文没有，甚至连员工的工资都成了大问题。但是面对巨额的投资，马云还在沉默着。从世贸大楼走到曙光路，又从曙光路回到饭店的房间，马云深思熟虑之后毅然地推开了资金的诱惑，拒绝了这些投资者。

为何要拒绝？原因可能有很多，但是最重要的或许是对阿里巴巴的责任，和对梦想的坚定执着。这些投资者的思维都太中国化了，他们并不信任经理层。一旦吸纳资金，那么投资者和企业管理者的矛盾也就产生了。在当时的中国，家族产业模式如日中天，投资者就是老板的观念也深入人心。但是在已经接受西方经营模式的马云的字典里从来不存在“土老板”的概念，即便山穷水尽，即便弹尽粮绝，身为创业者和企业家的尊严也不能丧失。企业的命运应该掌握在企业家的手中，而不是资本家的钱袋里。一旦选择了一个目光短浅、唯利是图的投资商，那么极有可能毁掉一个投入了自己无限心血的优秀企业。

那么多创业者，为何马云能够成功？那么多企业家，为何马云可以称雄称霸？究其原因我们可以探讨出上万个理由，可以分析出千百条定律。但是马云在对待金钱上与众不同的态度就能把很多企业家甩在身后。

“我不要钱”，什么样的勇气才能让一个弹尽粮绝的企业家发出这样的声音？“我不要钱”，什么样的自信才能让一个逐梦者喊出这样的宣言？准确地说，马云需要的不是风险投资，不是赌徒，而是策略投资者，投资商也该对他有长远的信心，20年、30年都不会改变。两三年后就想套现获利的那是投机者，而马云是不需要也不敢拿这种钱的。

2000年的冬天，马云去北京会见了一个神秘的投资商，这个人就是日本软银总裁孙正义。当时富华大厦的会议室里坐满了衣冠楚楚的商人。每一个被孙正义邀请的人都发表了一番慷慨激昂的演讲，都兴致勃勃地展示自己的宏伟大业。当到了马云的时候，马云侃侃而谈不过六分钟，孙正义干脆地打断，他问马云需要多少投资。

“我不要钱。”

“你不要钱你来找我干什么？”

“又不是我要找你，是人家叫我来见你的。”

这六分钟可以说是马云人生中最戏剧化的六分钟，这最戏剧化的六分钟也无疑是马云人生中不可复制的最经典的六分钟。

一个是带领阿里巴巴初出茅庐却分外挑剔投资商的马云，一个是当时被称为“全球第一门户”——雅虎的最大股东，挥手就可以造就千百网络英雄的世界著名的投资公司——日本软银的总裁孙正义。天壤之别的地位，却有着一拍即合的默契，两人注定成为朋友。

马云永远知道自己最需要的是什么。面对孙正义的巨额投资马云深思后却反悔了，反悔的原因不是嫌钱少，而是嫌钱过多了。多么不可思议，有谁会嫌投资商的投资过多？马云就会！

反悔后的马云给孙正义发了一封电子邮件——“希望与孙正义先生手牵手共同闯荡互联网。如果没有缘分合作，那么还会是很好的朋友。”而孙正义也大度地包容了马云，做出了让步，这也是他投资经历中最大的一次让步。2000万美元的投资完全可以让马云放手去做自己要做的事业，而融资后的阿里巴巴管理团队仍然掌握着绝对控股权。不是不要钱，是要把钱控制在自己可以掌控的范围内。当时的马云只能掌控2000万美元，超过了就超出了他的能力范围，反而对企业发展百害而无一利。这就是马云，一般的创业者面对巨额的风险投资都会迷失自己，但是马云不会，他清楚地知道钱并不是越多越好，一旦超出自己的掌控范围，钱多了反而会坏事。

时间证明了马云选择的正确性，阿里巴巴当时尚处萌芽阶段，并没有清晰的运营模式，在适量金钱支持下可以慢慢地进行合适的摸索。阿里巴巴没有太多的钱也使得它专注于B2B模式，更好地实现了既定的目标，为其壮大打下良好基础，避免了走弯路。如果在创业初期就拥有很多资金，那么难保不会迷失自己的方向，进行过多的无谓的产出，最终可能会导致最初目标的破灭。

马云的经历告诉我们，创业初期，最重要的是找到适合自己的道路，摸索出恰当的盈利模式，明确自己的核心目标，坚持不懈地前进。这个时候的创业公司确实需要大量的资金，但这并不意味着资金越多越好。过多的资金投入常常会使创业者自我膨胀，失去方向，最终导致迷失最初的目标，使本来能做好的业务却面临惨败的结局。

擅长在绝境中寻找机会

在你恐惧脚下是悬崖的时候，你有没有抬头看一眼，可能脚下的路就是攀登顶峰的一个捷径？当你在充满风险的山间陡径行走，害怕不小心就摔得粉身碎骨的时候，有没有想过你身边有可能长满了奇珍异草？危险就在脚下，机会会不会也在身旁？假如我们不把主要精力放在自身的磨炼上，而是把眼光放远，看到磨砺所带来的机遇，那么是不是危险绝境中也存在着机会，包含着成功？

马云就用自己强大的内心创造了阿里巴巴的奇迹，把绝境变成了阿里巴巴辉煌的垫脚石。

2003年的“非典”以超级迅猛的速度席卷全国，在带走一些人生命的同时也使得大量企业灰飞烟灭，而阿里巴巴却成为“非典”期间的大赢家。

“非典”使企业间的正常贸易陷入绝境，危难之际阿里巴巴伸出援助之手，他们利用成熟的电子商务平台推出“中国供应商”和“诚信通”，帮助中小企业共渡难关，90%的未联网交易的企业为“非典”所伤，而阿里巴巴的140万会员竟然有一半免受影响，甚至企业业务不降反升。但是在这个救助期间，阿里巴巴却发生了一件危及其生存的大事。

其实阿里巴巴可以说是“非典”的直接受害者。2003年5月8日，阿里巴巴业绩一片辉煌之时，忽然在员工内部发现了“非典”疑似病人。一时风云突变，阿里巴巴杭州总部近500名员工被迫隔离，公司面临生死存亡的交界线。阿里巴巴好不容易在磨砺中找到了机遇，让中小企业认识到电子商务的价值，但没想到一个病例几乎又把阿里巴巴送入绝境。

阿里巴巴作为全球B2B企业的领头羊，在“非典”期间使成千上万的企业迈上了电子商务的战车。每日供求商机增长5倍，每天新增会员3500名，涨幅高达50%。到2003年6月中旬，阿里巴巴已胜利完成从追求数量到追求成交量的历史性转型，提前实现每天收入100万元，全年收入过亿元的目标。在复苏电子商务，为全球电子商务网站带来希望的时候阿里巴巴也面临着企业瘫痪的危机。总部500人的隔离有可能造成阿里巴巴网站数十天的瘫痪，一旦网络瘫痪，那么无数人四年来的苦心经营全部会付之一炬，刚刚复苏的电子商务也会一蹶不振，阿里巴巴将陷入死亡的泥潭。

然而面对危机，阿里巴巴高层果断做出决策，改集体办公为分散办公。事发仅仅三小时，彭蕾就指挥行政人员，把500名员工分散完毕，随即在各自家中配置好电脑和宽带，照常办公。之后无数个日日夜夜，500名员工各自为战又相互依存，井然有序地服从高层的网上指挥。期间阿里巴巴的价值观得到淋漓尽致的展现，阿里巴巴团队的凝聚力再创新高。SOHO办公不仅维持了阿里巴巴的正常运转，而且使阿里巴巴业绩激增五倍之多。甚至外界对此“隔离”浑然不觉，马云又创造了一个奇迹。

马云身为一个领导者和决策者在隔离期间发挥了重大作用，不仅指挥阿里巴巴团队的业务工作，也关心着团队的生活。隔离的第一天，马云就在网上发表了致员工的公开信。他还带领阿里巴巴高层关明生、李琪、彭蕾在网络中慰问员工。在马云的领导和慰问下，阿里巴巴员工展现了无与伦比的镇定和自觉，表现出出众的执行能力和独立意识。马云后来惊叹道：“‘非典’期间自己从未布置任何一项工作，但是每天依旧数百万元的现金入账，每天网站照样稳定运行，每天客户依旧打电话进来，没有任何异样。”这就是倾注他心血的阿里巴巴，这就是让他骄傲的阿里巴巴。

虽然“非典”袭击了阿里巴巴，但是“非典”压不垮阿里巴巴的团队，隔离中的阿里巴巴员工们每天在网上工作，在网上交流和娱乐。一封封真情流露的信件，一句句慷慨激昂的话语，一篇篇鼓舞的文章真实地记录了危难中的阿里巴巴，也体现着阿里巴巴员工勇敢、坚强、乐观、进取的精神状态。最后阿里巴巴的疑似病例被排除了，500名员工虽然虚惊了一场，但“非典”给阿里巴巴带来的这场生死考验使它验证了阿里巴巴文化的强大，验证了阿里巴巴团队的优秀。“非典”没有击垮阿里巴巴，阿里巴巴甚至利用“非典”创造了一个又一个的奇迹。

马云在一切尘埃落定后说过这样一句话：“互联网是为战争准备的。美国国防部设计互联网的时候说，万一战争爆发，美国国防部的数据库被炸掉以后，整个美国处于瘫痪状态，该怎么办？所以他们设计的互联网在全国各地全世界各地都可以运营。但是美国没有试过，英国也没有试过，日本也没有试过，阿里巴巴是天下第一个尝试的公司。但是我们试验证明互联网可行，我们试验证明，一个团队拥有强大的价值观强大的使命感的话，我们可以面对它的挑战。所以我看到Savio发出的一封信里面讲到这句话：‘在非典时期，阿里巴巴团队所表现出来的精神是GE这样的公司几十年来梦寐以求的境界。’我为大家骄傲！”

在短短12天的隔离期间，人们看见了一个有伟大使命感和价值观的年轻团队在危难中达到的境界。这一切比业绩翻五番更重要，比每天100万元进账更重要，“非典”让人们进一步知道了电子商务。阿里巴巴能够在全员隔离时不瘫痪，能够在绝境中抓住机会，在灾难面前实现大飞跃，这不是偶然的，这是逻辑可循的结果，阿里巴巴的爆发是迟早的事。“非典”带来了暂时的灾难，却促成了阿里巴巴的喷发，成全了阿里巴巴的辉煌。阿里巴巴以“非典”为契机创造了中国企业应对危机的成功范式，也创造了全球商界SOHO运作的典范，把电子商务带进了久违的春天。

梦想足够大，才能走得远

“阿里巴巴和四十大盗的故事”可以说得上是世界闻名，而如今一提到阿里巴巴，不论是网络搜索词条还是脑海中蹦出的第一个印象，都和马云密切相关。不得不说，马云下了一手好棋。

远在马云创立电子商务网站之初，虽然创业资本很少，但他还是将未来的公司定位为全球性质的公司，因而对待公司的命名也十分慎重。后来，马云选择了“阿里巴巴”这个名字。

马云说过：“我们选择‘阿里巴巴’这个名字是因为我们希望成为全世界的十大网站之一，也希望全世界只要是商人一定要用我们。你既然有这样一个想法你就需要有一个优秀的品牌、优秀的名字让全世界的人都记得住。”马云创建阿里巴巴，其战略十分明确，即快速进入全球化，成为全球化的电子商务企业，在打开国际电子市场后才借此机会培育中国国内的电子商务。取名阿里巴巴是为了取消中国式名字的距离感，使世界电子市场更容易接受，同时，国内市场又不会对此陌生。阿里巴巴的命名不仅仅是为了中国，更是为了全球的商务。

正如同他对待现在的淘宝，马云认为淘宝也像阿里巴巴一样有一天也要走向全球。马云一开始就不仅仅是为了赚钱，他为的是创建一家全球化的公司，一家可以繁荣百年的优秀公司。马云认准了阿里巴巴这个域名可以在不久的将来流传全世界，于是，在拿下阿里巴巴域名的同时，马云十分细心地将alimama.com、alibaby.com域名也注册下来。“阿里爸爸、阿里妈妈、阿里贝贝本来就应该是一家。”马云想得很远。

马云有一次参加亚洲电子商务大会，对商业分外敏感的他几乎立刻发现了机遇。在此次大会上，八成的发言者都是美国人，说的都是美式的互联网公司，马云决定抓住海外买家和中国供应商两头市场，创办他心中的全球性商业网站。1999年至2000年阿里巴巴确立了明确的战略——迅速进入全球化，成为全球电子商务企业；并且在此基础上打开国际电子商务市场，培育中国国内电子商务市场。阿里巴巴当时提出的口号是：“避免国内‘甲A联赛’，直接进入‘世界杯’。”很多人认为，阿里巴巴在国外的名气比在国内大，这跟以前的全面战略有关，阿里巴巴迅速地打入海外市场，很快就实现了全球化。幼小的阿里巴巴在建立之初就确立了伟大的奋斗目标和努力方向，然后一步步踏踏实实地成就一个伟大的中国人自己的世界电子商务大公司。然而苦恼也一直环绕在马云身边，目标确立了，如何实现呢？

“我当然是帮助中国企业出口。谁买中国产品？肯定是海外的买家。那怎样才能让这些企业成为买家呢？”马云为此冥思苦想。然而最简单的办法往往有可能是最有效的。马云把办市场比喻成办舞会，“办舞会很累，关键是你要能请到优秀的女孩子。我觉得如果办舞会请一大帮男孩子就没有女孩子敢进来，相反有很多女孩子在就会有胆子大的男孩子进来，所以这个舞会就办起来了。”女孩子就是买家，相应的男孩子就是卖家。美商网聚积卖家但是无人问津的教训告诉马云要先邀请买家来，一旦买家聚集，卖家相应地也会被吸引，这就是“舞会理论”。1999年到2000年的阿里巴巴进行了长期的免费宣传。作为一个为中国企业实现出口贸易的国际网点，需要找的必须是海外买家。找买家之前必须让外国人先了解阿里巴巴，基于这个原因，马云并没有眼热于轰轰烈烈的国内互联网贸易，他悄悄地在国外为阿里巴巴宣传造势。

1999年到2000年阿里巴巴在欧洲和美国进行了非常大气的宣传，广告投入仅次于中国银行，并且是唯一一家包下CNBC两年广告的民营的初建企业，可见马云的决心。马云开动自己的智慧，在资金有限的情况下最大限度地提升阿里巴巴的知名度。他甚至在沃顿、哈佛等欧美著名学校进行讲学。在他眼中自己讲授的对象不是MBA学子，而是五年以后各大公司的高层决策者们。在这些人脑中播下阿里巴巴的种子，扎根发芽，五年后一定会长大的。

“我们是全球的眼光当地制胜，我们的拳头打到海外这个位置，再打下去已经没有力量了，迅速回来，回来后在当地制胜，形成文化，形成自己的势力再打出来。如果不在中国制胜的话，我们会漂在海外。我们要防止的对手是在全球，而非中国大陆。在中国，互联网真正要赚大钱还要有两三年时间，这两三年内挣的钱只能让你活得好一点，但活得很舒服很富有是不可能的。现在我们不可以在国外养一支300～500人的队伍，成本太高了，收入和支出不成正比，在中国香港在中国台湾都不行，只有在中国大陆才行，而且可以不断地发展壮大起来。”马云对阿里巴巴的定位不是偶然的，这是他面对商业巨浪，深思熟虑并进行了各种考察之后的决断，从一开始，他就为阿里巴巴确立了世界性大公司的意识，从而才能跳出圈外，统观大局，一点一点促成阿里巴巴的辉煌。

CEO的作用只是企业的“守门员”

2013年3月11日，阿里巴巴宣布由陆兆禧接替马云，出任阿里巴巴集团CEO。马云表示在接下来的几年内，将主要负责阿里巴巴董事局的战略决策，协助CEO做好组织文化和人才的培养，并将会和大家一起加强和完善阿里的公益事业。2013年5月10日晚，在杭州黄龙体育中心淘宝10周年庆典上，面对阿里巴巴集团来自全球的2.4万名员工，1万多名集团合作伙伴以及来自全球的媒体，马云做了自己身为阿里巴巴CEO的最后一次演讲。

阿里巴巴虽然是马云一手创办的，但是阿里巴巴不是马云一个人的，马云对此有清楚的认知。马云眼中的CEO只是一个公司的守门员而不是掌控者。中国黄页失败后马云没有消沉，1999年2月他带领18人从北京回到杭州开始了阿里巴巴的创立，立志做一个服务于中小企业的互联网交易平台。虽然如今阿里巴巴已经功成名就，但是马云始终没有忘记自己当年的梦想，和自己当时的誓言。

阿里巴巴创立之初，马云绘制了一份组织结构框架图，最上面是顾客，其次是员工和中层干部，然后是经理，再是副总裁，最下面才是马云这个CEO。马云把自己摆在了公司的最底层，他把自己比作一个守门员，把守着大门，把握着方向，守护着公司。身为守门员的马云说自己应该是清闲的，因为这是最后一道防线，如果一个球队的守门员是球场上最忙的，那么就糟糕了。

有人说投资者是企业的父母，因为没有资金一切都是空谈；有人说马云是公司的父母，因为没有马云就没有阿里巴巴；也有人说员工才是公司的父母，因为没有他们就创造不出阿里巴巴的业绩。但是这些观点马云都是不赞同的，马云觉得阿里巴巴的衣食父母永远是并且只能是客户。知己知彼方能百战不殆，了解彼方不仅要了解对手，还要了解顾客。CEO的老板是副总裁，副总裁的老板是总监，总监的老板是员工，员工的老板就是他们眼前的客户。

显然，马云一直把自己摆在了守门员的位置，虽然守门员应该是球场上最“清闲”的位置，但是一旦守门员忙碌，那么球队也离失败不远了。虽然看上去清闲，但是球队对守门员的要求却是最高的，因为守门员守护的是最后一道防线，只要他不失守那么至少是平局，还有一搏的可能。守门员的职责要求他要保持高度的紧张和清醒，大脑要快速地运转。所以作为CEO来讲，马云是最底层的，如果客户的投诉一直投到CEO这里，那么就说明公司现在的经营出现了严重弊端，必须花时间去思考并解决。

马云说当守门员是很孤独的，即使全体球队成员都在奔跑，你也要坚守自己的岗位不能离开阵地。在企业中，即使你的二把手和三把手都未必能彻底理解你的想法。“比方说我要考虑的文化就是一年以后要做的效果，我必须考虑制度和召见人马，但是真正到了成功的时候，我考虑后年的决策。所以成功的时候，我不能分享，但是失败一定要承担。领导者在于承担责任。在企业中，CEO平时都不是CEO，只有两种情况下，CEO就是CEO：第一是做决定的时候，第二是在自己犯错误的时候。因为面对企业的错误，你作为CEO，必须说：‘这是我的错。’而不是说成功的时候是我，失败的时候是员工们执行不力，你组成的团队不好。”在公司遇到危机的时候，CEO要挺身而出，因为这是其责任。在公司可能快要成功的时候，或者看到公司已经成功的时候CEO就要让出荣耀。必须在阳光灿烂的时候修理屋顶，雨天才想起修屋顶不仅会干着急还存在着无限的危险。阳光灿烂时修屋顶是CEO的职责，在公司出现最好形势的时候一定会开始改革，庆祝的鞭炮要留给别人放。

2002年，阿里巴巴面临一个选择难题——是投资游戏还是继续做电子商务。马云和阿里巴巴毅然选择了电子商务。在一次讲演中马云回忆起当年的选择时侃侃而谈：“我相信如果投入游戏一定会赚钱，但是游戏不能改变中国，不是我们想做的事情。”马云作为一个CEO为企业选择了一个正确的方向，然而开始赚钱后，问题也随之而来。

在阿里巴巴的运作中，无数公司要求回扣。虽然不给回扣公司业务的开展会变得十分困难，但为了阿里巴巴的口碑，马云还是拒绝了。关于回扣问题马云坚守自己的原则。公司明令禁止的事，哪怕出现问题的是两个顶级销售人员，马云还是会毫不犹豫地将其封杀。马云认为生意可以不做，但是必须给客户留下一个好的印象，事实证明马云是正确的。马云谦虚地表示自己虽然什么技术问题都不懂，但是他可以把所有人聚集起来，充分发挥自己“守门员”的作用，让大家全身心地投入。

“我家人说我是疯子，这么多钱，你不要。因为这个不是自己的理想。”马云说，舍得，舍得，必须是有舍才有得。“因为CEO不只是给大家指明一个灿烂的前景，你要看清楚在灿烂的前景旅程中有很多灾难，你必须把这些灾难消灭。所有CEO必须是看到灾难，同时把灾难处理掉。CEO就是守门员。”

那么，对于扮演守门员角色的CEO来说，他们可以行使的是什么权利呢？而这些权利又是谁赋予的呢？

马云认为CEO的权利运用必须十分谨慎，“人们之所以去听谁的，不是因为这个人是CEO，是主任，而是因为他说得对。一个CEO最后要取得的决定权不是人，是他讲的理念思想、战略战术是不是确实有理。所有人都觉得你说得有理，他们就会跟着你。”所以，做一个优秀的CEO和做一个杰出的守门员一样很艰难。马云认为守门员只是个防卫者和指挥者，球队进球了，不是守门员的功劳，但一旦自己的球门被别人攻破了，却一定是守门员的责任，这就是CEO！

第九章

自我颠覆，尽显王者之风

马云出生在普通家庭，但是凭借他的刻苦精神和聪明智慧，发现并创造了一个全新的市场。一生中总有那么一些时刻，我们需要鼓起勇气去做选择。马云在创业中坚持自我，在发展中不断颠覆。他最为可贵的就是认清自我，从而具备独立的思考精神，看到别人看不到的东西，进而颠覆传统，创造更伟大的辉煌。

颠覆式构想，商业模式就是要简单

马云作为中国互联网第一人，多次强调自己是不懂电脑的，但是他却比任何一个IT精英都更加理解互联网的深刻内涵，当所有人还在关注互联网的技术问题时，马云关注的却是商业模式的问题。从中国黄页开始，马云的关注点就是商业模式，那个时候的马云还在为大企业服务。当中国黄页不能只做商业广告的时候，马云敏锐地意识到应该把信息装进网站里。可是马云太超前了，那个时候中国还没有开放互联网，所以，马云做成中国第一个门户网站的目标就这么与他擦肩而过。

当中国开放互联网之后，门户网站如雨后春笋般发展起来，这个时候马云认为要果断放弃这一模式，因为，这个时候再复制别人的模式已经晚了。所以，马云当时以壮士断腕的决心放弃了中国黄页，而是转向带着自己的工作团队第二次北上北京与外经贸部展开合作。在外经贸部的工作经历让马云敏锐地意识到或许应该专心服务于中小企业。

1998年，马云从北京回到杭州开始第二次创业，阿里巴巴正式成立。但是阿里巴巴究竟要以什么样的模式存在，怎样运作，怎样盈利，企业目标是什么，这些问题都成为马云必须思考的问题。最终马云用他敏锐的直觉和灵感，还有五年来做互联网企业的经验，确定了B2B的商业模式。在阿里巴巴之前就已经有了B2B的电子商务网站，但是这些网站全部都是服务于大企业的。可是对于发展中的中国来说，大企业只占15%，而剩下的85%都是中小企业，尤其是江浙一带，聚集着大量的中小企业，这些中小企业迫切需要利用互联网资源进行发展。于是，马云决定做只服务于中小企业的B2B模式。这一模式就是后来被国内外媒体、硅谷和国外风险投资家誉为与雅虎、亚马逊、eBay比肩的互联网第四种模式。不得不说这是马云和他的团队的一次伟大的创新。

这一模式为什么被称为“改变现代商业模式的颠覆性构想”呢？阿里巴巴专门服务于中小企业，这是不同于欧美的B2B模式，欧美的B2B网站是专门服务于大企业的，而马云认为阿里巴巴应该是中小企业的解放者，这样就能给那些中小企业一个网络宣传的平台。电子商务对中小型企业来说门槛并不高。阿里巴巴目前推出的服务全部免费。

阿里巴巴模式说白了很简单，就是一个免费的电子公告板，主要经营的是交易前的信息流，让那些中小企业可以在这个平台上进行信息的交换。马云说：“一谈电子商务，就是要实现在网上的交易，这实际是一个错误的观念。电子商务未必一定要实现交易，我们可以在交易前这个阶段做得比西方更好。提供信息，提供交流，提供通讯。”

对于自己的商业模式，马云曾说过：“如果把因特网比作影响人类未来生活30年的3000米长跑的话，美国今天只跑了100米，亚洲跑了不过30米，中国只跑了5米。你可能觉得雅虎、亚马逊它们现在跑第一，它们的模式是最好的模式，但是，没准在200米、300米后它们会掉下来。当年网景相当厉害，但是订立打败微软的策略最终导致了它的失败。人类第一代挖石油的人都没有发财，到了第二代才真正富有起来。当时的石油不过是铺铺马路、点点煤油灯。所以，未来的因特网、电子商务根本不是我们今天谈论的东西，就像100年前人们发明电的时候，打死他也不会想到今天会有空调。你无法去想象三五年后电子商务会怎样，除非是算命。中国目前只适合做电子商务第一阶段的工作，那我们就把第一阶段的工作做好。”

“我觉得中国有很多的机会，但是每个人千万不要去拷贝国外的模式，也不要以国外有没有这样新颖的模式来判断我们中国的好坏，别人没有的，你有了未必是坏事；把美国的模式搬到中国去，不一定能行。中国人喜欢贴BBS。人家说阿里巴巴是一个公告板，雅虎是搜索引擎，亚马逊是书店，那又怎么样？最好最成功的往往是最简单的。要把简单的东西做好也不容易。阿里巴巴要像阿甘一样简单。”

现在的阿里巴巴当然不只是B2B那么简单，当互联网、电子商务、物流运送等都日臻成熟之后，马云推出了淘宝网。2003年马云创建淘宝网，开始启用C2C模式。同年10月，马云创建了互联网商业所缺乏的核心的交易和信用机制——支付宝。支付宝在整个商业模式中的作用是巨大的。支付宝把交易双方紧密地连接在了一起，到了今天，支付宝已经悄悄改变了我们的支付习惯。但是支付宝只是作为一个支付工具，很少有人愿意把多余的钱放到支付宝上。在这个时候，马云推出了余额宝。余额宝对于阿里巴巴来说是大量资金的融合渠道，全民都在帮马云融资，使得马云可以更加从容地拓展阿里巴巴帝国的疆域。而余额宝对于我们来说，则是颠覆了传统的投资理财的概念，或许余额宝不是第一家做互联网金融的，但是却是直接推广了互联网金融，使互联网金融深入到了每一个淘宝用户的心中。

在今天的中国，电子商务发展得如火如荼，涌现了大量的电子商务网站，如京东商城、苏宁易购、聚美优品等。这些B2C网站在蚕食着淘宝网的市场份额，人们越来越有品牌意识，喜欢在这些网上商城购买物品。马云推出了天猫商城，但是即使这样，增长速度放缓也已经成为马云必须考虑的问题。在这种时候，马云依然用他颠覆性的思维完善着阿里巴巴的商业模式。阿里巴巴频频出手收购互联网企业，入股新浪微博、收购高德地图等一系列但凡能跟电子商务扯上关系的企业，所以，现在阿里巴巴已经深入到我们生活的方方面面，比如打车、餐饮、娱乐、团购等。这些收购看似杂乱，不成章法，但是马云在这些收购中可以使阿里巴巴影响我们生活的方方面面，让我们越来越习惯有阿里巴巴的生活。

马云对商业模式的改变是颠覆式的。2002年，互联网企业的发展形势很不好，许多投资人都不看好互联网企业的发展前途。而在这个时候马云宣布：“2002年，阿里巴巴要赢利1元；2003年，要赢利1亿元人民币；而2004年，每天利润100万元。”紧接着，马云解释道，“我之所以敢这样说，是因为阿里巴巴找到了自己的赢利模式。好的商业模式一定得简单，阿里巴巴现在的商业模式很简单，就是收取会员费。”而实现这一目标，马云仅用了三年时间，这就是商业模式的力量。

再好的计划也比不上马上去做

马云的成功是充满自我颠覆性的，但是颠覆的构想需要伟大的执行力，没有执行力的构想只能是纸上谈兵、只能是空中楼阁，颠覆需要高效的执行力。团队越大，执行力往往越差。所以，随着我国经济越来越强，我国企业越来越大，关于执行力的困扰也越来越多，很多企业的老总都把执行力当成第一大问题。马云也不例外。

其实，阿里巴巴的建立就是执行力的一个胜利。促使马云创建阿里巴巴的决心并不是马云对互联网的信心，而是他认为经历就是成功的一种，不去试一试不去闯一闯，那么即便晚上想象出千条路，早上走的还是原路。马云有一句话十分著名："你们立刻、现在、马上去做！立刻！现在！马上！"马云每次提到阿里巴巴和自己的辉煌成就，总是赞赏自己的勇气而不是眼光。他没有把成功归功于自己天才般的大脑，也没有归功于他恢宏的远大理想，而是归功于自己的坚持，坚持不断地把大脑中的映像落实出来、执行出来，立刻、马上变成现实。忆昔当年从北京杀回杭州再创业，一路坎坷一路风雨，马云和其团队掏空了自己的口袋，凑足50万元毅然决然地落实自己的梦想，创办了阿里巴巴网站，就这样一步一个脚印地走向辉煌。

海信集团总裁周厚健曾说："执行力低下是企业管理中最大的黑洞。"许多企业家喜欢高谈阔论地说方向和战略，却忽视了执行的重要性。马云坚信战略不能落实到结果和目标上面的话，就是空话，是废话。

只有有组织、有机会执行目标才能在激烈的竞争中生存下来，仅仅有创意是不够的，创意只是企业运营中的一环，即便再重要也不能代替其他的要素，最重要的还是把各项工作落到实处，停留在理念和幻想上的创业是没有价值的。尤其是没有计划性和操作性的创意不仅不能促进企业的延续，甚至还会造成团队的困扰。

创业的关键不在于想法和理想有多么出色，最重要的是是否愿意为了自己的创意付出一切代价，全力以赴地去证明它。如果一家企业只能写出完美而厚重的计划书，那么这家企业也就行将就木了。马云称赞阿里巴巴为“一支执行队伍而非想法队伍”。因为很多时候，马云做的事情很大，连他自己都没有想明白怎么做，如果等到马云把一切都想明白了，那么可能就已经被别人抢到了先手，一切都晚了。所以马云做的事情绝对不能等，否则他也不会放弃外经贸部，放弃高薪，带着团队毅然重新创业。

任何时候，马云都有一种紧迫感，他带着团队一起摸索，沉浸在时不我待的奋斗中。对此，用他自己的话来说就是：“我们现在好像在建一个大楼，今天是装一个水管，明天是安一个马桶，所有的事情都是乱七八糟的，而且经常改来改去。现在只有一个大概的轮廓……”他认为有时去执行一个错误的决定比优柔寡断没有决定好，因为在执行过程中你可以发现和改正错误。他不祈求于灵感，因为灵感就像是段誉的六脉神剑，时灵时不灵。阿里巴巴不是计划出来的，而是“现在、立刻、马上”干出来的。

在马云的理念中，值钱的东西不是理念而是创造的价值，是脚踏实地的行动。他认为世界上没有优秀的理念，只有踏踏实实的结果。梦想固然重要，虽然所有梦想的结果不一定都是成功，但是没有结果的梦想一定是失败的。执行力就是把自己的梦想、思维变为行动，把行动变为结果。在企业竞争中，执行力是最重要的组成部分，决定着企业的成败，制约着企业的发展。没有执行力的蓝图，不论绘制得多么宏伟，无论结构多么科学合理，都无法发挥本身的威力。在当代的市场竞争中，一家企业的执行力的强弱，直接决定着企业的兴衰成败，执行力是企业达成计划和目标的必然途径，强大的执行力本身就是企业的核心竞争力。

在一家企业中，领导者经常会遇到政策、制度制定出来了，却难以贯彻执行的问题。从现代企业管理角度讲，这就是执行力的问题。理念、政策、制度再先进，如难以贯彻执行也只能成为一纸空文，结果往往是一流理念、三流执行、下流业绩。马云与孙正义曾经探讨过一个问题：一流的点子加上三流的执行水平，与三流的点子加上一流的执行水平，哪一个更重要？结果两人得出一致答案——三流的点子加一流的执行水平更重要。执行力决定着企业发展的优劣，许多事实充分证明，企业要加快发展，要走在行业的前端，除了要有好的决策班子、好的发展战略、好的管理体制外，更重要的是要有一流的团队执行力。

1999年2月，马云参加了在新加坡召开的亚洲电子商务大会，并在会上一语惊人地提出：亚洲应该有自己的独特模式。这次会议上的一些意外发现也让马云意识到他的机会来临了，他决定要动手做自己的网站。于是他立刻向杭州总部发电子邮件，要求技术人员完成他所坚持的在北京带领团队出游时于长城上看到的“涂鸦”的BBS模式。出乎意料的是，有些同事依旧并不同意这个意见，要求“从长计议”。马云对着电话怒吼：“你们立刻、现在、马上去做！立刻！现在！马上！”在马云愤怒的呵斥下，全公司立刻行动，初步完成了alibaba.com的构架和内容。马云就是一个你可以和他吵、可以和他争论，但是一旦他下达命令后你就必须“立刻、现在、马上”去执行的领导。

马云在哈佛演讲时把“不做计划”作为阿里巴巴成功的三个重要原因之一，这种颠覆让哈佛的MBA们都佩服得五体投地。在马云的团队中干活，奉行一句话：idea可以有无数个，action只能有一个。马云认为一个好的执行力能够弥补决策方案的不足，换句话说，无论一个策划有多完美，如果碰到差劲的执行过程也会胎死腹中。从某种意义上说，执行力是企业成败的关键。如果能对这些影响效果的因素进行规范、控制及整合运用，那么企业就能够提高业绩。创业永远不能停留在理念与幻想上，再好的创意背后也必须有制度、人才的支撑。没有制度、人才、执行力支撑的创意就只能够是一个难以实现的梦，没有意义。

独有的直觉想象与超转思维

马云拥有出色的直觉想象和超转思维，随时体现在他的创业过程中，这在创办中国黄页、创建阿里巴巴公司和淘宝网、开发支付宝时能体现出来。

1994年，马云第一次听到了互联网这个词，那个时候中国还没有互联网，连电脑都只有大公司才能拥有。1994年的夏天，马云的一个美国同事回家探亲，在回到中国之后，跟马云谈起了互联网在美国的发展，那个时候马云只是听听就很激动。1995年，马云去美国出差，第一次接触到了互联网，并且在美国的服务器上第一次制作了一个中国企业的网页，这是中国企业第一次出现在互联网上，效果很好。马云直觉地意识到或许这玩意儿有戏！从美国回来之后，马云马上开办了自己的互联网公司——中国黄页。中国黄页开启了中国的互联网企业时代。

1995年，不管在美国的中国人还是在中科院的研究人员都已经接触过了互联网，每一个人都对互联网身后掩藏的巨大能量所震撼，认为互联网在未来必定会改变世界，但是很少有人能够看到互联网潜藏的商机，即使能看到，能立刻付诸行动的人也是寥寥无几。而马云直觉地看到了互联网的商机，并且立即开始了实践，这才有了中国第一个互联网商业网站。

1998年，中国的互联网开始发展起来，雅虎中国、新浪、搜狐、网易等门户网站相继创建，并且如火如荼地发展起来。这个时候，马云本来打算把中国黄页制作成门户网站的计划落空后，直接放弃了中国黄页，并且将创业目标直接转为电子商务。马云认为，大部分人都开始做一件事的时候，你再去做，成功的概率就很小了。他马上转换了思维，直觉地发现或许电子商务可以一做。但是怎么做呢？复制eBay的模式吗？不，马云用他独有的思维意识到在中国或许只有做中小企业的生意才是真正的商机。

1999年2月21日，马云在自己家里开了第一次阿里巴巴的员工大会，加上两个用电话参加会议的人员，总共只有15人参加。马云在这次会议上说："1995年我做出的决定，我对自己讲可能改变了自己一辈子所从事的事业。而今天，我把大家请过来，跟大家探讨至少五年、十年我们要做的事情。雅虎的上市，亚马逊的上市，这一系列公司的上市，导致我们在想，Internet是不是已经到了顶点？雅虎是不是已经做得差不多了？我们再跟下去的话是不是太晚了？所以我们大家今天到这里来都很着急，都在想我们这么做下去前途在哪里？到底有没有希望？玩下去玩一个什么东西出来？我们有可能变成什么样？大家可能都带来了方案，我们从基础做上去以后的好处在哪里？"

与会的大部分人都反对马云提出的建立B2C网站的方案，认为还是应该去建立一个像雅虎、新浪、搜狐、网易这样的门户网站，可是马云坚定地认为"大部分人看好的东西，你不要去搞了，已经轮不到你了！"在之后，马云接受采访时说道："在做决定的过程中如果一个决定出来以后有90%的人说好的时候，你就把这个决定扔到垃圾箱里去。因为那不是你的。别人都可以做得比你更好，你凭什么？"这就是马云的超转思维和直觉想象。

马云的方案是一种创新的商业模式，没有成熟的经验可以借鉴，其风险比直接拷贝成熟模式的风险要大得多，但是马云用他几年做互联网公司的经验，毒辣而老道地看准了互联网的发展势头。马云在一次员工大会上说："因为谁都知道Internet是个泡沫，我刚才讲危机感就是指Internet的泡沫越来越多，什么时候破？它们的股票猛涨，什么时候掉？如果雅虎的股票全掉了，eBay的股票会涨，有一天，eBay的股票掉了以后，阿里巴巴的股票会涨。它是一段一段地往上走，所以不要担心，我觉得Internet的梦不会破！"这次会议上提出的方案或许还不成熟，只能说是马云个人的一些想法，但是在这次会议上我们能直观地体会到马云那异于常人的直觉想象和超转思维。

2002年互联网寒冬来临，马云用缩小开支的方式使阿里巴巴顽强地生存了下来。在艰难的时期过去之后，2003年，马云又以意想不到的方式出手了——建立C2C模式的淘宝网。当时世界最大的C2C网站eBay网刚刚收购了中国最大的C2C网站易趣网，强强合作的eBay易趣成了所有想进军C2C网站的互联网企业的噩梦。但是就是在这种环境下，马云大胆地向eBay易趣开战了！马云向淘宝网大量地注入资金，以一种敢死队的精神义无反顾地前进着。终于在2006年，淘宝网的会员注册人数和市场份额超过了eBay易趣。

2007年，eBay易趣正式退出中国市场。马云的淘宝网为什么会异军突起，在并不算新鲜的C2C模式中占到了大部分的市场份额？这些当然要归功于支付宝！支付宝独有的担保交易模式解决了核心的信任支付机制问题。这种担保交易模式，给买卖双方都提供了安全保障，使双方的支付风险降到了最低。2005年2月2日，支付宝率先提出“你敢用，我就敢赔”的口号，推出“全额赔付”制度。在这种安全的支付环境下，淘宝网的用户量迅速地增加。如今的支付宝已经全面渗透到线上支付的方方面面，并且支付宝也在慢慢地向线下支付渗透，可以说支付宝全面地改变了中国人的支付习惯，使中国人开始越来越习惯于使用电子货币。

马云运用自己独有的直觉想象和超转思维，准确地把握住了互联网市场和电子商务的脉搏。选择面对中小企业的B2B模式，与孙正义搭档，果断采取了回到中国博弈战略，推出中国“诚信通”和“供应商”，推出“六脉神剑”和“独孤九剑”价值观；开展西湖整风和培训，直至收购雅虎中国；开办淘宝网，研发支付宝；在香港上市，从香港退市重回私有化；创建天猫商城，推出“双十一”狂欢节；在美国上市，创建菜鸟物流……这些都是影响阿里巴巴发展进程的重大决策。如果没有这些决策，是没有阿里巴巴帝国的。可以说，马云作为企业的领袖是相当出色的，他有着超强的统领能力，而非自己冲锋陷阵。如果放在古代的战场上，马云或许不是一个好士兵，甚至不是一个好将军，但是马云绝对是一个好元帅！

“二马”战争，转危为安

2011年初，马化腾的腾讯推出了微信业务，2013年微信推出了支付功能。2013年8月19日，网易与中国移动发布“易信”。2013年9月，阿里巴巴推出“来往”。这是一个不安的年份，移动即时通讯社交产品市场中硝烟四起，马云有了危机感。

“今天，天气变了，企鹅走出南极洲了，它们在试图适应酷热天气，让世界变成它们适应的气候。与其等待被害，不如杀去南极洲。”马云这段宣言可算得上是咬牙切齿，直接把“二马”战争推向了高潮。

“来往”的创立可以看出马云的紧张，淘宝与eBay的战争使马云意识到没有什么事情是注定的，没有谁是一定会胜利的。战争即将再次展开，这是生死攸关的大事，每一个阿里巴巴的成员都应该为网络时代的生存权利而努力奋斗。

2014年的春节，微信抢红包无疑是最热闹的事情。或许你还记得在春节期间自己无数次定点定时地摇一摇手机，好友的群里甚至有人发出摇碎了的手机的图片。腾讯官方发布了刻意被调低的数据表明，除夕夜到大年初一短短数小时内，参与微信抢红包的用户超过了500万人，总计抢红包7500万次以上，除夕夜到零点时分，前五分钟内有58.5万人参与了抢红包，12.1万红包被领取。然而微信红包的核心不在于微信，也不在于红包，而在于收发微信红包必须绑定银行卡。无论网上还是网下，人人都在谈论微信红包，马化腾无疑造就了中国互联网史上最为成功的一项网络营销事件，这也是最成功的一场网络全民活动。

抢到最大红包的玩家无疑是马化腾，据腾讯初步统计，仅除夕当天绑定的银行卡就超过了2亿张。而在绑定银行卡以后，消费者就可以利用微信支付“我的钱包”进行各种消费，买机票火车票、滴滴打车、网上购物、信用卡还款等都能轻松实现。受微信红包的刺激，除夕当天1点整，腾讯股票就突破540港元，市值顺利突破10000亿港币，之后继续攀升至545港元，网民为腾讯贡献的红包价值超过800亿港元，马化腾身价倍涨。

微信红包无疑是马化腾和马云在支付领域的短兵相接。之前马云凭借支付宝在网商金融领域遥遥领先，到了“用望远镜都看不到竞争对手”的时候。没想到微信犹如一支奇兵从天而降，俨然威胁到支付宝的霸主地位。微信以超级的人均在线时间秒杀微博，微信支付反超支付宝的场景，粉碎了资本市场对于阿里巴巴未来成长的想象空间。移动平台的商业战争已近白热化。

在阿里巴巴推出的“来往”满月时，马云和陆兆禧携众多明星及粉丝为“来往”庆生。马云分析道：“现在业界有一种误区，把微信神化了，以为微信什么都可以做。其实一个APP不可能解决所有问题，任何应用都有它的第一属性。”“无线互联网的危机在于，我们只有那么一点点的空间和机会。”陆兆禧表示：“将来没有电话、没有短信，只有数据，我们看到了，我想同行也已经看到了。”为此，陆兆禧提出了一个口号——ALL IN。ALL IN 这一说法因“德州扑克”而流行，其含义主要是指全部投入、全力以赴、一往无前。马云表示任何应用都有它的第一属性，单一的一个APP不可能解决所有问题。百度是搜索，淘宝是购物，微信的第一属性还是社交。阿里内部人士告诉记者，基于这样的认识，阿里巴巴有意在移动端重点打磨“来往”、手机淘宝、支付宝钱包三支利剑，阿里巴巴已进入全面磨剑阶段。

手机淘宝可以说是阿里巴巴最早在手机客户端取得的突破性应用，目前手机淘宝客户端用户已经突破3.2亿人次。不远的将来将会有更多的集团

PC互联网优势资源和应用集成到手机淘宝之中。在未来，“手机淘宝不仅是一个购物软件，还会集成阿里巴巴集团包括天猫、聚划算、淘点点等在内的各种生活服务方面的应用，是一个可以逛、可以玩、可以交友的随身生活助手。”阿里巴巴利用“双十一”的疯狂继续激活手机淘宝的同时还建立了新版“微淘”，用以进行用户互动和分享体验，并且通过“微淘”获取用户行为偏好，确定更充分的经营策略和商业调整。

第三支利剑就是在网络金融领域鹤立鸡群的支付宝。支付宝作为独立品牌运作后在移动市场活动越来越多，力打“免费牌”，无条件免费地进行账户间的转账和信用卡还贷等业务。

阿里巴巴和腾讯在互联网金融和电子商务方面迅速白热化的竞争最直接的还是通过微信红包来呈现的。不过互联网金融是超越于传统金融内涵的特殊金融体系，马云从“菜鸟”到海尔物流把网络交易作为买卖来进行，而马化腾通过微信红包把网络交易化为生活，超越了传统和现实的约束。然而2013年马云的余额宝可以说是迄今为止唯一一个真正切入传统金融心脏的突破之举，切实地切断了垄断下死气沉沉的中国传统金融行业。如此勇气和胆识伴随着的压力和阻力是马化腾所不能比肩的，与传统金融的较量，马化腾尚未能立足。

互联网经济竞争残酷，到处充斥着对传统领域的压力和冲击，且互联网领域内部之间斗争更为惨烈。不足二十年间，引领互联网潮流的大旗数次变化。从中华网，到新浪，到网易，到盛大，到百度，到阿里、腾讯，再到阿里，几大网络轮流坐庄，市场竞争影响到各行各业。而且20年间无论是信息服务领域还是中国的媒体领域都为互联网的良性竞争广开大门，从制度和法律上保护电商利益，互联网领域竞争越发精彩。

“二马”竞争完全基于市场化的环境之下，其竞争最直接的受惠者就是6亿多网民用户，并且直接推动中国互联网整体的发展，引爆电信运营商和传统金融两大领域的变革与发展。这场以竞争和创新为内核的超级竞争，必将波及社会各个层面、各大领域，带动中国整个社会的变革和发展。

“退休”是另一番起航

2013年3月11日马云宣布“退休”，由陆兆禧接替马云，出任阿里巴巴集团CEO。“退休”后的马云将全力做好阿里巴巴集团董事会主席一职，只把握阿里巴巴的发展全局。2013年5月10日晚，马云在杭州黄龙体育中心发表了卸任演讲。

“退休”后的马云，干了三件大事：第一件，组建菜鸟物流；第二件，使阿里巴巴最终在纽约交所上市；第三件，就是慈善。

2013年5月28日，在“退休”18天后，马云开始向着他的另一条航路扬帆起航。阿里巴巴联合银泰集团，复星集团，富春集团，顺丰集团，中通、圆通、申通、韵达等多家民营快递企业，在深圳联合成立菜鸟网络科技有限公司，并同时启动中国智能骨干网（简称CSN）的项目建设。马云再次走马上任，成为菜鸟网络科技公司董事长。菜鸟物流不做自建物流，而是为电子商务、物流公司、仓储企业等搭建一个网络平台。马云说：“我们不会抢快递公司的生意，阿里巴巴永远不会做快递，因为我们没有这个能力，我们相信中国有很多快递公司做快递可以做得比我们好。”菜鸟物流其实是马云对京东商城、苏宁易购和当当网等拥有自有物流的B2C商城的一次反击，也能为未来阿里巴巴集团的后续发展提供必不可少的动力。马云又一次让人们大跌眼镜，在“退休”之后，马云选择再次创业，当然，这次创业使投资者们信心不足，大家依然对菜鸟物流的发展前景表示担忧。虽然如此，投资者们还是比较信赖马云的。没准马云这次又成功了呢？我们可以拭目以待。

北京时间2014年9月19日晚上9时45分，阿里巴巴集团正式登陆美国纽交所挂牌交易，股票代码为BABA，发行价格为68美元/股。此次IPO交易至少筹集217.6亿美元，成为美股史上最大的IPO。阿里巴巴19日股票开盘价为92.2美元，较发行价大涨36.32%。而与大多数公司不同的是，马云等阿里巴巴集团公司高管并没有为阿里巴巴上市敲钟，而是由奥运冠军劳丽诗领衔的8位阿里客户为阿里巴巴集团敲钟。

之后，马云和阿里巴巴副董事长蔡崇信、阿里巴巴CEO陆兆禧与阿里巴巴员工进行了视频通话。马云说："明天开始，我们更加艰难，全世界都会关注我们讲不讲信用。我们此次IPO融到的不是钱，是信任，希望大家对得起这份信任，对得起这份梦想！"马云在接受商业财经电视网CNBC采访时表示互联网会改变中国，"15年前，所有人都质疑我和我的团队能否生存下来，我告诉大家，我们一直有信心。我敬佩很多美国公司，我想和它们一样，改变商业生态，造福社会。"在阿里巴巴上市之后，马云成为中国的新首富。马云一手把阿里巴巴集团推上了纽交所，钱财上的富有是对马云这么多年的一种肯定。

成为中国新首富的马云，把大量钱财投入到了慈善事业中去。马云本身具有很强烈的"武侠"情结，所谓"侠之大者，为国为民"。马云在"退休"后用了很大的精力在慈善上。2013年9月25日，马云加入了美国生命科学突破奖基金会，出任该基金会理事。生命科学突破奖基金会于2013年2月20日成立，它专门设立了一个奖项，名叫"生命科学突破奖"，其宗旨在激励那些从事对抗癌症、帕金森、糖尿病和其他疾病研究的科学家。这个基金会之前共有3位捐助者，这3位捐助者都是美国硅谷顶尖的IT界经济巨头。马云成为第四位捐助者。马云作为企业领导人具有天生的领导力和资源整合能力，这些能力统统都被马云运用到慈善事业的发展中。怎样让每一分钱都发挥最大的价值，怎样使每分钱能帮助更多的人，马云用自己的天赋解决了这些问题。对于公益，马云有他自己的想法："如果说创建阿里巴巴和淘宝是为了激发人们成为企业家的灵感，那么，我现在的工作是唤醒每个人的良知。”马云说：“阿里巴巴对这个社会的贡献，才刚刚开始。”

2014年11月19日，在浙江乌镇举办了以“互联互通共享共治”为主题的首届世界互联网大会。马云作为中国互联网教父和中国新首富成了大会上当仁不让的明星。马云在大会上的长演讲一如既往地激励新一代的年轻人，还向他们分享自己的经验。马云还在大会上跟中国和世界上的互联网大佬们一起探讨了中国以后互联网的发展和世界互联网的发展。对于阿里巴巴未来的商业模式，马云思考了很多，他说：“阿里商业模式是生态系统，所有投资都为这个生态系统建立而做，并不一定是阿里需要的。如果整个生态系统需要某个技能和能力，我就支持这个行业。”

对于阿里未来要构建什么样的生态系统，马云的答案是：“这个生态系统要解决中国人的健康和快乐问题。阿里担心10年以后中国的问题，这说大一点是社会责任，说小一点就是10年以后的机会是什么。中国10年以后最大的麻烦是健康问题和快乐问题，所以我投资电影、体育、医疗。这些领域在10年以后会出现很多问题，我们今天开始准备，以后的社会问题就是我们巨大的机会。”在这次大会上，马云更放出豪言：“我们的使命是培养很多很多的京东！”

2013年是阿里巴巴的转折年，也是马云的转折年，这一年马云“退休”了，可是退休后的马云似乎更忙了：公益事业、菜鸟物流、在美国上市、参加互联网大会、进行演讲……但是这些都是马云为了阿里巴巴能够走得更远，完成他的做个102年公司的梦想。这个梦想没准就能实现。

网商银行，开启金融大变革

2014年，马云开始正式向银行领域进攻了。2014年9月29日，中国银监会下发通知，同意在浙江省杭州市筹建浙江网商银行。浙江网商银行是由阿里旗下的浙江蚂蚁小微金融服务集团、上海复星工业技术发展有限公司、万向三农集团有限公司、宁波市金润资产经营有限公司共同开发经营的。网商银行是马云在“退休”后的又一力作，在支付宝和余额宝的基础上，马云终于带着他的小伙伴们向“银行”下手了。

微商银行的股权情况为：浙江蚂蚁小微金融服务集团有限公司以占公司总股本30%成为第一大股东；上海复星工业技术发展有限公司以占公司总股本25%成为第二大股东；万向三农集团有限公司以占公司总股本18%成为第三大股东；宁波市金润资产经营有限公司以占公司总股本16%成为第四大股东；剩余11%股份的股东暂未定。根据股权构成的情况我们可以看出来，网商银行其实就是阿里巴巴下的一只“金蛋”。

这次马云是要打造一个全流程网络经营模式的银行。“网商”这个名称是有一些特殊含义的。“我们申报的银行名称叫网商银行，即互联网商业银行，我们期望能用互联网的技术、互联网的理念，尤其是互联网的信用，去提供适合小微企业和草根消费者的金融服务。”浙江蚂蚁小微金融服务集团某负责人说。蚂蚁小微金融服务集团副总裁俞胜法在网商银行的筹备阶段就曾经说过，“希望该民营银行做全流程网络经营模式，无物理网点。由此，很多具体流程跟现有银行不一样，需要突破的地方很多，在筹备期间将跟监管层积极沟通。网商银行的特色是什么呢？简言之，网商银行是以互联网为主要手段和工具，进行全网络化运营，提供网络特色、适合网络操作、结构相对简单的金融服务和产品。”

网商银行采取“小存小贷”的业务模式，其面对的客户群体是电商平台上的小微企业和个人消费者。具体说来，就是提供20万元以下的个人存款产品和500万元以下的贷款产品。此外，还对产品有比例问题、单户总额要求。这将是一家全部依靠互联网线上模式进行小额存贷的银行。

阿里巴巴在发展了支付宝11年之后，终于开始踏足银行领域。但是网商银行又区别于传统的国有商业银行和私有银行，其经营有两个特色：第一，小存小贷模式设置了存贷款数额上限，符合差异化经营导向；第二，使用网络银行模式，利用互联网技术来开展银行业务，其客户大部分来自电商。

说起来，阿里巴巴还是一家互联网公司，就连银行也是在网络上开办，大家会看到一家没有任何柜台和营业厅的银行。当时，阿里巴巴已经开展阿里小贷服务四年了，在这四年中，阿里巴巴积累了宝贵的核心技术、风控模式、管理经验、对客户的服务经验等，这些都将运用到网商银行的运作中去。

当然，作为第一个“吃螃蟹”的，网商银行在筹建的时候还是面临了重重的困难。第一个难点就是按照现行银行业监管规则，商业银行必须具备线下实体网点，向客户提供面对面的金融服务，以控制风险。但是，网商银行是一家互联网银行，摆脱实体网点和“面签”限制，做一家纯粹的互联网银行是一大难题，也成为整个金融业的一个关注点。

在2014年9月28日召开的“蚂蚁金服”分享会上，网商银行筹备组负责人俞胜法明确表示，纯网络银行没有实体网点，无法和客户进行面对面交流。同时表示针对此问题，筹备组正在与监管部门加紧沟通，且相信监管部门会在互联网金融创新方面有更大的支持。同时“蚂蚁金服”首席执行官彭蕾也表示，金融创新也是存在风险的，因此“蚂蚁金服”的经营方针包括“稳妥创新、拥抱监管”，公司通过与监管部门的沟通，使公司调整到最佳的状态，改变过去天马行空的创新风格。最终在多方努力下，2014年9月29日，银监会发布公告显示，批准筹建浙江网商银行，其注册资本金在30亿～40亿元。

如果从支付宝开始算起，阿里巴巴在金融领域已经发展了12年，其产品线非常丰富，其大数据分析、风控能力和电商平台支持方面的能力是其他互联网公司难以比拟的。

2014年12月12日，中国银监会宣布，批准深圳前海微众银行开业。虽然微众银行是由腾讯公司筹建的网络银行，但是这意味着，完全由民营企业发起设立的民营银行正式问世。在中国金融史上，这是值得纪念的一刻。紧接着问题来了，浙江网商银行什么时候能够开业呢？

2015年1月27日，“蚂蚁金服”副总裁俞胜法在中国首个女性互联网金融服务的项目发布会上表示，他正在负责网商银行的筹建工作，预计在3月份向监管部门提交报告材料，报告材料通过之后争取在5月开始营业。“筹建工作的工作量很大，内容也很多，我们还是希望按照节奏，把筹建工作做好。”俞胜法说。

当年马云见识到互联网之后回国开了第一家互联网公司，现在互联网已经跟我们的生活紧密相连分不开了，这里面有马云的不懈努力，他把互联网推销给了全中国人，让互联网深入到我们生活的方方面面。而网商银行的成立将改变传统金融业的格局，互联网又深入发展了一步，如果成功了，将是金融领域的一次大变革！

最后的机会，是给别人机会

2014年12月15日，“2014两岸企业家台北峰会”在中国台湾地区第一次举办，马云受邀参加。马云在现场表示，社会要鼓励年轻人创业，像阿里巴巴集团里就有很多台湾人肩负着创新者的角色，未来阿里也希望能为台湾与大陆的经贸往来做出贡献，计划在台湾做一些投资，有可能是基金的模式，期望帮助台湾地区的年轻人创业。

马云在大会上进行了半个小时的演讲和回答问题。马云认为未来是属于年轻人的，应该多给年轻人机会。在15年前阿里巴巴还是一个很小的企业，马云自己从没有想过会有今天，也从没有想过会有一天在台湾跟这么多的企业家进行沟通和交流。马云和现场的企业家们分享了他对未来的认知：“如果你相信未来，你就要相信年轻人；只有你相信年轻人，你才会真正觉得未来是美好的。”

马云说：“人生30岁要跟别人干，40岁为自己干，50岁要给别人干！要给别人机会，给年轻人机会。”

对于现在好多年轻人提出的成功人士与失败的人有什么不一样的这一问题时，马云是这样说的：“成功人士，总是在反思自己；失败的人，永远在说别人不给机会。”每个人都要经历挫折，包括马云也是经过了许多挫折之后才获得了成功，马云认为如果没有这么多年的痛苦和彷徨，不可能有自己的今天。年轻人痛苦彷徨很正常，重点是要思考：自己该做些什么?

对于名牌大学毕业的学生，马云告诫他们，要用欣赏的眼光，看看那些非名牌大学毕业的人。马云还鼓励那些非名牌大学毕业的年轻人说：“如果你毕业于像我这样的学校（杭州师范学校），甚至连我这样的学校都不是的话，请你用欣赏的眼光看看自己。”马云认为，如果说有什么跟别人不一样的话，是他们这些人看世界的角度和看问题的深度不一样。马云觉得每一代、每一个人都有自己的机会，关键在于是否能把握住。

对于成功的必要因素——机会，马云是这样诠释的：“人有三层机会。第一层机会，年轻的时候你啥都没有，其实这个时候都是机会，因为你满手都是空的时候，想做什么就做什么。第二层机会，你刚刚有点成功的时候，你觉得到处都是机会。但当你自己觉得到处都是机会的时候，反而要想清楚，你有什么、你要什么、你放弃什么，其实真正属于你的机会并不多。而这最后一层机会，是给别人机会。”

对于未来，马云大胆预言：“未来世界是从IT（Information Technology）向DT（Data Technology）转移、向数字技术转移。DT就是让别人更强大，未来的经济是讲求利他主义，讲求分享、透明及担当。而IT是以自我为思想，典型的利己主义，封闭，并且自己掌握资源，不让别人知道这个时代已经发生了天翻地覆的变化。”

现在的年轻人经常说要改变世界，可是却连自己都没有改变。对于这类年轻人，马云告诫他们说：“要多关注自己，而不是关注各国总统、总理都在做什么，每个人应该先把自己管好。我原来也关注世界大事，可是发现关注这些没用，因为自己连3万人的阿里巴巴都管不好。不要总想着改变世界，年轻人要从改变自己开始。只有我们自己改变了，才能改变世界。因为改变世界其实很难，轮不到你，但改变自己却是每个人都可以做到的。但最关键的是，千万不要‘晚上想想千条路，早上起来走原路’。有很多年轻人，晚上想要干这干那，早上起来就骑车去上班了。改变从现在开始，行动是一切真正所在。”

创业是艰辛的，只有坚持下去才能获得最终的成功。马云说：“今天很残酷，明天更残酷，大部分人“死”于明天晚上，看不到后天的太阳。所以，你要不断改变自己，让自己今天活得好、活得强，才能看到后天的太阳。”

2015年3月3日，马云再次赴台演讲，同时给台湾的年轻人带去了丰厚的礼物：阿里巴巴将在台湾成立一个百亿元新台币的基金，最快在2015年下半年启动，用以支持台湾年轻人创业。希望通过此项基金推动台湾年轻人的企业家精神，并启发社会更多人士来支持年轻一代发挥潜能，实现创业梦想，成就社会。这次马云演讲的对象是大学生，演讲地点在台湾大学，现场2400个座位座无虚席，他演讲的主题是“与青年有约，从梦想到成功创业”。

基业长青——从布局中国到走向世界

一般人觉察不到的大势，富于战略眼光的人往往在起初就已经嗅到。下围棋的都会明白布局的重要性，开具先占据几个有利点位，是制胜的关键所在。当年淘宝采取免费的战略模式大战易趣网更是抓住了这点。时至今日阿里集团可谓是如日中天，其中很大的归因在于阿里的大战略格局意识。如同下围棋需要布局一样，马云喜欢战略布局，这方面，他毫不谦虚。马云认为，阿里今天的成功实际上只是过去战略布局的成功。这种战略意识注定阿里不会停止前进的步伐。

从大淘宝到进军海外市场份额，从产业到产业链的发展，从电子商务到让电商成为生活方式的观念的转变都是在马云战略思维的引领下慢慢摸爬滚打一路熬过来的。

阿里巴巴成立初阶段，综合评价了当时的市场行情，先定位目标市场，抓住市场需求的情况下确定服务策略。从中小企业为契机进军电子商务。对市场行情的认真把握，先做信息流，并采取免费的模式。免费模式是阿里初期时定的策略，到2001年网络泡沫破裂的时候，马云依然坚定这一市场策略，这为阿里巴巴在有限的时间内积聚了大量的人气，同时也获得了大量的供求信息。在打开知名度的情况下，阿里没有急流勇退，相反是进军海外。因为当时的国际贸易具有良好的发展趋势，阿里巴巴就顺势关闭对中国供应商的服务，整合全球信息流，把中国企业推给国际买主，同时把海外买家信息提供给本土企业，在这个过程中先对本土会员供应商收取一定的费用，确立自己的盈利模式，为后续发展提供了强大的动力。在获得初步发展后，阿里巴巴依然认为诚信是电子商务发展的关键，资金技术当然很重要，但诚信问题却能决定在B2B领域谁能笑到最后，为了解决诚信问题的风险，阿里巴巴创造性地推出诚信通服务。

谈到战略，马云说战略就是基于对未来的判断。所有的战略都是基于对未来的判断。战略从愿景来，愿景从使命来，所以使命、愿景、战略、组织、文化、人才整套体系的建设，你才有可能做好。要跑得久，你要有组织。只有强大的文化、组织，才能发展，优秀的人才靠文化，文化强，企业才能强。文化的本质，是让产品要有品质。什么叫有品质？即要有味道、有质地、有品质的公司才能产生有品质的服务，而一流的服务来源于一流的员工，所以阿里始终把高质量的员工培训放在战略首位。马云曾做过多年的老师，即使作为阿里的掌门人，他依然把老师的角色发挥得淋漓尽致。

没有刻意把全球化作为结果，却在发展进程中慢慢地向着全球化推进。阿里人不管是管理，还是员工都是国际化一流的。在这种理念下培养下一代的领导人，培养生态系统，无为的生态系统，让它自然地生长。马云认为制度需要文化浸润，没有文化的制度就像没有了根的树一样。从放权CEO，到再集权， 在变革中培养人才，适时地站在局外思考，马云深谙此道。

从创立开始，阿里就确立了以战略为驱动的模式，马云则是这艘航船的掌舵手。可见在近十多年的商业领袖中马云是少数非常具有战略眼光中的一员，他总能利用现在的优势去提前布局未来。

马云是第一个用“生态系统”来定义组织架构的人，他眼光独到、嗅觉敏锐，是国内最早嗅到可以用互联网来塑造传统金融的人。同样，早在十几年前，阿里就已经着手布局云计算。对于阿里分拆、B2B退市、回购股权、大肆收购，马云没有少下功夫，然而这都是为了实现平台、金融、数据三大战略的铺垫，这也是阿里未来30年的商业发展愿景。

马云曾这样说道：“我们坚信只有打造一个开放、协同、繁荣的商业生态系统，令生态系统的成员有能力充分参与其中，这样才能真正帮助到我们的客户，也就是小微企业和消费者。作为这一生态系统的运营者和服务者，我们倾注了所有的心血、时间和精力，用以保障和推动这个生态系统及其参与者更加蓬勃发展。我们取得成功的唯一方法是让我们的客户、我们的合作伙伴成功。我们一直坚信，身处21世纪的企业必须以解决社会问题为己任。阿里巴巴集团的发展从一开始就植入了社会责任的基因。我们相信一个健康繁荣的生态系统是我们商业模式的根基，而这需要通过持续解决社会问题和承担社会责任来实现。”

领袖都是梦想的高手 ，马云是个造梦者，阿里巴巴董事局执行副主席蔡崇信回忆十几年前他与马云的第一次见面，对于商业模式和盈利问题马云一点也不表述，一直在谈论他宏大的构想。内地工厂此前缺乏市场，而阿里巴巴可以帮助他们接触到西方世界，在阿里的推动下不知道有多少所谓的普通青年实现了自己立业立家的愿景，更成就了阿里旗下的无数财富新贵。但马云的梦大到可以容得下整个世界，他想实现全球的中小公司的产品能够销售到世界各地，全球的消费者能更便利地买到世界各地的产品的构想，当阿里巴巴在纽交所上市的那一刻起便快速启动了全球购的步伐。

2015年6月马云赴美在纽约经济俱乐部发表演讲。马云谈到阿里愿景是‘全球买、全球卖’，未来10年至20年，无论你身在何处都可以买到任何地方的产品，也可以把自己的产品卖到世界各地。能始终把握互联网脉动的未来方向，这是马云的独具慧眼之处，是阿里基业长青的关键。在这种战略布局的推动下，阿里不断地推动全球化战略进程，同年阿里巴巴伦敦办公室升级成为欧洲“战略中心”，同时意大利米兰也开设了阿里巴巴变办公室。这将加强阿里巴巴与欧洲企业和政府的合作，能更好地把欧洲市场本土化，为阿里进一步繁荣海外市场做良好的铺垫。

现在阿里的海外进程又更上一层楼，马云与新西兰签订合作协议，阿里集团将为新西兰企业提供大数据支持、快捷开店、在线支付和品牌推广等服务，标志着双方的合作紧密程度又进一步加强。通过这种双赢的合作，新西兰品牌能够依托阿里巴巴的生态系统吸引更多的中国消费者，新西兰的环保技术与理念是世界领先的，在未来低碳环保为主流的经济模式下，阿里也有机会在技术制高点上快人一步，阿里巴巴目前已和韩国、英国、法国、荷兰、意大利等国家签署了合作备忘录，随着与新西兰合作协议的顺利签署，阿里巴巴全球化战略又迈进了一步。始终站在时代的最前列，用宏观格局分析不断变化的市场，这就是敢为天下先的马云，相信在未来，马云式的成功会在阿里不断上演。

回馈社会——勇担企业责任

马云认为任何一家企业做到行业领头羊时如果还在单纯地以盈利为单一导向的话是不明智也不应该的，做企业要勇敢担起应有的社会责任，企业越大责任越重。

积极做好公益慈善事业是马云对自己的现在的一种期许，马云说："做公益做慈善，在我看来是人生的一种很大的福祉，我们努力的结果既能帮助自己也能帮助别人，我们今天捐的钱，对改变世界甚至别人都是微不足道的，但是帮助别人是改变自己，让自己变得更加丰富。"做企业精益求精，做人不断完善自己，这种"日日新，又日新"的态度不断将马云推向人生的更高境界。

其实，早在阿里巴巴成立之初，马云就确立了以社会责任为价值观的企业文化体系，回馈社会的理念早已在阿里巴巴身上打下了深深的烙印，早在2006年阿里巴巴就曾参加中国残疾人福利基金会，到现在为止使30多万残疾人实现在淘宝开店的梦想，成就了他们的个人价值。当然从淘宝使无数年青的一代在电子商务上实现个人梦想、改变中国人民的生活状况上来讲，阿里巴巴本身就在践行着无形的"大公益"。

做公益就如同点亮的那根蜡烛，照亮人们眼中的善。民众是需要引导的，通过不断地发起公益活动，能涤除社会的污秽，累积更多的公益宣传，甚至能达到移风易俗的作用。如果说“授人以鱼，不如授人以渔”值得称道的话，那改变人的思维观念更加可贵。时至今日阿里巴巴通过所属平台推动33亿人次参与公益，共资助70多个国内外项目，其中涉及环保的就有40多个。马云觉得人刚出生的时候，50%的善和50%的恶是合在一起的，但是由于世界上各种各样的原因，往往恶的东西、坏的东西会偶尔淹没善良。所以需要擦洗自己的良心、擦洗自己的善心——而唤醒擦洗自己善心最好的方法，就是参与点点滴滴的公益行动。

他还曾举例子说：“阿里巴巴集团从钱塘江北面搬到钱塘江南岸，我们搞了一个活动。有些同事会游泳，我们就让一些员工游过钱塘江搞接力赛，当最后一棒员工上岸的时候，我们发现他们身上挂满了五颜六色的塑料袋及各种各样的残渣，我们所有员工那一天非常震动，没有想到我们生活在这样的环境里面，没想到这就是我们在喝的水。从那一天起，阿里巴巴所有员工在思考一个问题——如果世界不够好，你即使过得再好都没有意义。所以从那一天起，我们决定阿里巴巴还把每年千分之三的营业额作为公益基金来建设整个城市、国家和世界的环境保护。”马云做公益颇具特色，不仅以个人身份去从事公益，同时阿里巴巴每年千分之三的营业额作为公益基金。马云说，这是阿里巴巴独一无二的做法，之前全世界都没有哪个公司是这样做的。更加独特的做法是，这笔钱是由员工自己控制。

此外员工每年抽出三个小时的私人时间去做公益是马云的硬性要求。马云认为阿里的第一个产品是人，公益能改变人的内心，唤醒人的善意和善心。人改变了，产品和技术自然会做改变。而阿里的产品是能影响四五亿人，以后甚至是10亿、20亿。

除了积极从事公益活动，在慈善方面马云做的努力也一点不少。他的善举可谓一鸣惊人，据统计十几年前中国每年的慈善捐款总额不到百亿，而马云一人捐款就达到过百亿级别。做慈善和做公益虽然都是在做善事，但它们之间还是有些不同的。最明显的是公益强调呼唤民众的参与，而慈善则更侧重于个人的捐赠，做慈善私人的意味比较重一点。另一点就是做公益事业一般没有“道德绑架”的情况，但是在从事慈善捐赠上这种事情屡见不鲜。

捐多少、捐不捐、捐给谁是马云一直思考的问题 。马云说：“企业家的钱其实不是企业的，有人说我是中国首富，但我认为‘首富’的富应该是负责人的负。一个人有一两百万很幸福，这是你自己的钱，但有一两千万时麻烦就来了，要考虑人民币贬值、投资的问题。”

马云还说：“当你有几个亿、几十亿时候，千万记住这不是你的钱，这是社会委托你进行投资，这是对你的信任，是一种担当和责任。怎么把这些钱管理好，而不能愚蠢地捐出去，要等人才、组织、体系都准备好，才能去做。所以说花钱比挣钱难太多。”

马云的慈善捐赠理念可谓是对传统慈善思想的螺旋上升，带着大企业的社会责任去思考捐赠每一分钱，在捐赠上完全秉着用心去做的观点低调慈善高调公益，这是值得学习的社会责任感。